ROYAL HORTICULTURAL SOCIETY
DK GARTENTIPPS

TERRASSEN & INNENHÖFE

ROYAL HORTICULTURAL SOCIETY
DK GARTENTIPPS

TERRASSEN & INNENHÖFE

TIM NEWBURY

DORLING KINDERSLEY

DORLING KINDERSLEY
London, New York, Melbourne, München und Delhi

REIHENBETREUUNG Anneliese Evans
REIHENBILDBETREUUNG Ursula Dawson
PROJEKTBETREUUNG Lin Hawthorne
BILDBETREUUNG Martin Hendry
HERSTELLUNG Sarah Coltman
CHEFLEKTORAT Anna Kruger
CHEFBILDLEKTORAT Lee Griffiths
DTP-DESIGN Louise Paddick, Louise Waller

Für die deutsche Ausgabe:
PROGRAMMLEITUNG Monika Schlitzer
HERSTELLUNGSLEITUNG Dorothee Whittaker
PROJEKTBETREUUNG Regina Franke
HERSTELLUNG Gerd Wiechcinski
COVERGESTALTUNG Jan Riemer, Klaus Meyer, München

Bibliografische Information der Deutschen Bibliothek
Die Deutsche Bibliothek verzeichnet diese Publikation
in der Deutschen Nationalbibliografie;
detaillierte bibliografische Daten sind im Internet über http://dnb.ddb.de abrufbar

Titel der englischen Originalausgabe:
RHS Practical Guides: Patios & Courtyards

ÜBERSETZUNG Susanne Bonn
REDAKTION Christiane Theis

ISBN 3-8310-0831-0

Printed and bound in Singapore by Star Standard Industries

Besuchen Sie uns im Internet
www.dk.com

Hinweis
Die Informationen und Ratschläge in diesem Buch sind von den Autoren und vom Verlag sorgfältig erwogen und geprüft, dennoch kann eine Garantie nicht übernommen werden. Eine Haftung der Autoren bzw. des Verlags und seiner Beauftragten für Personen-, Sach- und Vermögensschäden ist ausgeschlossen.

INHALT

GESTALTUNGS-MÖGLICHKEITEN

EIN ZIMMER IM FREIEN

DIE VORSTELLUNG EINES GARTENS als Erweiterung der Wohnung ist keineswegs neu. Doch die Anforderungen des modernen Lebens verschlingen immer mehr Raum und Zeit, daher ist es heute wieder ein anziehender Gedanke, einfach hinaus in den Garten zu ziehen. Im Freien zu sitzen, umgeben von saftigem, schützendem Grün, ist äußerst erfrischend. Das Plätschern eines Springbrunnens, Sonnenbaden, ein kühles Getränk und die schöne Aussicht gehören dazu.

TERRASSEN UND INNENHÖFE

Als Innenhof wird normalerweise eine Fläche bezeichnet, die auf allen Seiten von Mauern umgeben und nur zum Himmel hin offen ist. In diesem Raum werden mittels Pflanzen und Dekorationen verschiedenster Stilrichtungen die unterschiedlichen Aspekte der Wände und das typische geschützte Kleinklima ausgenutzt.

Zimmer im Freien brauchen meist Schutz vor den Naturkräften

Eine Terrasse ist in der Regel eine befestigte Fläche in der Nähe des Hauses – häufig durch eine Balkon- oder Schiebetür damit verbunden. Sie ist meist nicht von Mauern umgeben und sollte an einem geschützten, aber nicht begrenzten Platz liegen, wo entweder reichlich Sonne einfällt oder, wenn es allzu heiß wird, etwas Schatten vor den sengenden Strahlen schützt.

HISTORISCH INSPIRIERT *Dieser friedliche, klosterähnliche spanische Innenhof lädt zur Ruhe und Meditation ein – ein perfektes Vorbild für ein modernes Pendant.*

◀ DAS BESTE AUS ZWEI WELTEN *Eine sorgfältig geplante Terrasse bietet Sonne und Schatten.*

EINEN WUNSCHZETTEL SCHREIBEN

EGAL, OB SIE IN IHREM INNENHOF EINEN GARTEN ANLEGEN oder einen Teil als Terrasse gestalten wollen, Ihr Ausgangspunkt ist immer die Frage »Was will ich erreichen?«. Möchten Sie Platz haben für Tische und Stühle, eine Spielfläche für Ihre Kinder oder einfach nur die Möglichkeit, Ihre Bonsai-Sammlung auszustellen? Legen Sie Ihre Prioritäten fest.

BEDÜRFNISSE FESTSTELLEN

Der Erfolg Ihrer Planung hängt davon ab, dass Sie die Bedürfnisse aller Benutzer berücksichtigen und sich überlegen, wie Sie den Platz nutzen. Zu einem Familiengarten gehört auf jeden Fall ein sicherer Spielplatz, Gärtnern mit Bewegungsproblemen fällt die Arbeit an Hochbeeten leichter. Partys und Einladungen kann man auf einer gut geplanten Terrasse ebenso schön ausrichten wie im Zimmer.

Berücksichtigen Sie auch die Zeit, die Sie für die Pflege Ihrer Terrasse oder des Innenhofs aufwenden wollen. Wenn Sie nicht viel Zeit haben, sollten Sie einjährige Beetpflanzen meiden, ebenso Pflanzen, die häufig geschnitten oder aufgebunden werden müssen. Es ist nützlich, Ihren Wunschzettel nach Prioritäten zu sortieren, so dass die am wenigsten wichtigen Punkte am Ende stehen.

Sicherheit ist in jedem Garten von größter Bedeutung, besonders wenn Kinder sich darin aufhalten. Planen Sie daher eher Springbrunnen als einen Teich ein und achten Sie darauf, dass Ihr Bodenbelag auch bei Nässe nicht rutschig wird. Kontrollieren Sie, dass die Pflanzen weder giftig noch anderweitig gefährlich sind, etwa wegen ihrer langen Dornen. Im Freien sollten Sie nur Schwachstrom verwenden oder einen Erdanschluss einsetzen. Elektrische Leitungen sollte nur ein Fachmann installieren.

FAMILIENZIMMER
Oft bieten sich sehr schöne Lösungen an, wenn kleine Kinder sich den Garten mit gartenbegeisterten Eltern teilen. Der Sandkasten hier gehört zu einem Spielplatz, der sich von der gemütlichen Bank aus gut überblicken lässt und von robusten, duftenden Kletterpflanzen und Pflanzen in stabilen Gefäßen eingerahmt wird.

◄ TAG UND NACHT
Die Beleuchtung verlängert nicht nur den Aufenthalt auf der Terrasse bis in den Abend, sie schafft zudem eine zauberhafte Atmosphäre.

▼ MANCHE MÖGEN'S HEISS
Ein beheizter Whirlpool ist ein teurer Spaß. Damit er auch bei Nässe noch sicher ist, muss die Struktur der Fliesen rundum allerdings sorgfältig geplant werden.

Achten Sie auf die Kosten

Versuchen Sie, zu jedem Punkt auf Ihrem Wunschzettel einen Preis zu notieren, bevor Sie mit der Planung beginnen. So können Sie nacheinander alle wichtigen Punkte berücksichtigen, ohne Ihr Budget zu überschreiten. Die Arbeitskosten sind dabei nicht zu unterschätzen; möglicherweise stellen Sie fest, dass das Geld von Ihrem ersten Wunsch verschlungen wird. Ist das der Fall, sollten Sie Ihr Vorhaben über einen längeren Zeitraum verteilen, so dass auch die Kosten in Abständen anfallen. Bei einer Terrasse kann das bedeuten, im ersten Schritt das Pflaster zu legen, mit einigen Bäumen und Sträuchern als Rahmen. In zweiten Schritt fügen Sie ein Wasserelement und Sträucher hinzu. Im letzten Schritt das Bild mit Stauden, Gräsern und Glanzlichtern wie einer Statue abrunden.

> Ein Projekt aufzuteilen, ist ein rentabler Weg zum Idealziel

PASSEND ZUM LEBENSSTIL

- Wenn Sie gern Gesellschaft haben, achten Sie darauf, dass auf Ihrer Terrasse alle Gäste am Esstisch Platz haben.
- Wenn Sie regelmäßig im Freien kochen und essen, planen Sie einen fest installierten Grill und eine Beleuchtung ein.
- Wenn Sie sehr gerne im Garten arbeiten, planen Sie Lagerraum für Werkzeuge ein.
- Wenn Ihr Garten von außen einsehbar ist, sollten Sie eine Pergola oder ein Gitter als Sichtschutz errichten.

DEN STANDORT BEGUTACHTEN

WENN SIE IHREN WUNSCHZETTEL FERTIG HABEN, können Sie daran gehen, Ihr Grundstück zu inspizieren und festzustellen, was vorhanden ist. So können Sie entscheiden, was bleiben soll – womöglich renoviert und verbessert – und was verschwinden muss. Es ist besonders verführerisch, klar Schiff zu machen und ganz neu anzufangen, wenn Sie einen alten, verwahrlosten Garten erben. Zerstören Sie dabei aber keine verborgenen Kostbarkeiten.

BESTANDSAUFNAHME

Seien Sie bei der Bestandsaufnahme streng mit sich – alle Elemente, die Sie behalten wollen, müssen eine klare Funktion haben und einen wichtigen Bestandteil des Entwurfs bilden. Es hat keinen Sinn, einen vorhandenen Pool zu behalten, wenn er den einzigen sonnigen Gartenplatz einnimmt, an dem Sie gerne Ihre Terrasse hätten.

Manche Elemente müssen bleiben, da die Kosten für ihre Entfernung sehr hoch sind, so etwa bei einem großen, gemauerten Anbau, oder weil sie benötigt werden, wie der Deckel eines Kontrollschachts.

In solchen Fällen sollten Sie versuchen,

WEG MIT DEM ALTEN?

- Bevor Sie Bäume und große Sträucher ausreißen, prüfen Sie, ob sie noch gesund sind, und wie sie auf Verjüngungsschnitt reagieren. Sie geben Ihrem Garten ein »erwachsenes« Aussehen, das neue Pflanzen erst in einigen Jahren erreichen.
- Denken Sie dran, dass es kostspielig werden kann, große Pflanzen, Bodenbelag oder Mauerwerk zu entfernen und dass Sie so Ihr Budget schnell aufbrauchen.

LEBENDE SKULPTUREN
Viele Bäume werden mit dem Alter immer dekorativer und bilden einen einmaligen Blickfang. Dies neu zu schaffen würde Jahre dauern.

die betreffenden Gegenstände zu verbergen, indem Sie etwa ein Gitter mit Pflanzen als Sichtschutz anbringen. Deckel für Kontrollschächte kann man durch ausladende Pflanzen verdecken. Oder Sie können spezielle Deckel mit einer Vertiefung kaufen, in die Sie Platten oder Fliesen legen, so dass sie fast nahtlos mit der Umgebung verschmelzen. Mit etwas Phantasie lassen sich Problemzonen in positive Gestaltungselemente umwandeln. So können Sie Türen und Fenster eines Anbaus lackieren und die Fassade in einer Farbe anlegen, die als Element zur ganzen Anlage passt.

Praktische Überlegungen

Für eine gelungene Anlage ist es wichtig, Haus und Garten zu verbinden, hierfür sollten Sie die einzelnen Möglichkeiten überdenken. Wenn Sie sooft als möglich auf der Terrasse essen wollen, sollte diese nahe beim Esszimmer oder der Küche liegen und gut zugänglich sein. Wenn Sie Wasser- und Stromanschlüsse benötigen, sollten Sie vorhandene Hähne und Steckdosen berücksichtigen. Falls diese ungünstig sitzen, sollten Sie sie verlegen.

Schätzen Sie Ihre Fähigkeiten und die Zeit, die Sie für die einzelnen Aufgaben zur Verfügung haben, realistisch ein. Vergleichen Sie diese mit den Zusatzkosten und Annehmlichkeiten, Fachleute mit bestimmten Tätigkeiten zu betrauen, etwa für Maurer- und besonders Elektroarbeiten, bei denen Sicherheit die größte Rolle spielt.

▲ PRAKTISCHER SITZ
Eine Lagerkiste für Spielzeug, Werkzeug oder Klappmöbel lässt sich leicht in eine dekorative, praktische Sitzgelegenheit umwandeln.

◄ NÜTZLICHER BLICKFANG
In jedem Haushalt gibt es einige wenig attraktive, aber notwendige Dinge. Hier verschwinden Gartenwerkzeug und Mülltonnen hinter einem Element, das in sich ein hübscher Blickfang ist.

Machen Sie das Beste daraus

Wenn Sie eine Betonfläche erben und es sich nicht leisten können, diese aufzureißen, ist das kein Grund zur Verzweiflung. Beton lässt sich mit Bodenplatten oder Ziegeln belegen. Sie können die Optik auch verbessern, indem Sie eine Schicht Kies oder Schotter aufbringen. Eine leere Fläche ist ein langweiliger Anblick, Beton ist jedoch ein guter Untergrund für Arrangements aus Pflanzgefäßen und Statuen. Auch kleine Hochbeete tun ihre Wirkung. Wenn der Wasserablauf gesichert ist, können Sie Hochbeete aus schweren Holzbalken direkt auf dem Beton aufsetzen.

Die meisten Gärten sind relativ eben, manche liegen allerdings an steilen Hängen. Wenn Sie für Ihre gesamte Terrasse eine ebene Fläche wünschen, müssen Sie den Hang entsprechend formen. Das bedeutet terrassieren und Stützmauern einziehen, die es Ihnen ermöglichen, den Hang weit genug abzutragen. Je steiler der Hang, desto größer das Gewicht der Erde, welches die Mauern halten müssen. In vielen Regionen fallen solche Maßnahmen unter das örtliche Baurecht. Daher ist es notwendig, Fachleute hinzuzuziehen, wenn Sie nicht selbst die entsprechenden Erfahrungen und Fertigkeiten haben, damit das Ergebnis sicher und stabil ausfällt.

Manches ändert sich nie

Manche Innenhöfe haben immer dunkle, schattige Stellen, die kein direktes Sonnenlicht bekommen. Solche Plätze können Sie verbessern, indem Sie hellen Bodenbelag

> Dunkle, schattige Ecken mit leuchtendem Wandanstrich beleben

auswählen und die Wände in hellen oder leuchtenden Farben streichen.

Andere Standort-Konstanten sind Klima, Licht und Feuchtigkeit. Beobachten Sie Ihren Garten das Jahr über, um die wärmste und die kälteste Stelle sowie alle besonders feuchten oder trockenen Flecken zu finden. Sie werden feststellen, welche Plätze besser geschützt oder zugiger sind als andere. Alle diese Eigenschaften können, positiv

KÜBELPFLANZEN
Bepflanzte Gefäße verschiedener Formen und Größen verwandelt eine langweilige, geflieste Fläche sofort. Die lebendige Wirkung lässt sich verstärken, wenn Sie immer die Kübelpflanzen in den Mittelpunkt stellen, die gerade besonders schön blühen.

▲ EIN SCHATTIGER INNENHOF
Schatten liebende Pflanzen bilden den grünen Rahmen dieses idyllischen Winkels, die Sonnenanbeter stehen an jedem hellen Platz.

betrachtet, Ihre Anlage interessanter und lebendiger machen. Auf Ihrem Wunschzettel werden einige Dinge stehen, die besser zu der einen Eigenschaft passen als zu der anderen, deshalb sollten Sie den Standort sorgfältig wählen.

Eine Terrasse sollte in kühlen Regionen eher an einem sonnigen, geschützten Platz liegen. In heißeren Gebieten wünscht man sich eher eine befestigte Fläche im Schatten, am besten mit einer kühlen Brise.

Die Pflanzen sind der letzte wichtige Aspekt für das Gelingen der Anlage. Mit einigen Nachforschungen werden Sie bald Pflanzen für jeden Boden und jeden Standort finden. Gewöhnen Sie sich daran, die Pflanzen nach dem Standort auszuwählen, anstatt den Standort so zu verändern, dass er zu den Pflanzen passt – dann haben diese gute Chancen zu gedeihen.

SONNENTERRASSE
Diese Terrasse liegt in einiger Entfernung vom Haus, um die Sonne gut auszunutzen. Die Fläche neben dem Haus liegt selbst an diesem hellen Sommertag in tiefem Schatten.

Ein besonderes Kleinklima

Ein Kleinklima ist, einfach ausgedrückt, das Klima, das sich in einer begrenzten Region findet. In Städten ist es zum Beispiel meist wärmer als auf dem Land, bedingt durch die Heizwirkung von Mauern und Asphalt. Für den Garten bedeutet Kleinklima die Abweichungen, die sich innerhalb eines Gartens feststellen lassen. Terrassen und Innenhöfe haben durch ihre typischen Eigenschaften ein spezielles Kleinklima. Diese können Sie für Mensch und Pflanzen nutzen.

Heisse Zonen

Terrassen liegen oft direkt bei einem Gebäude und meist für einen großen Teil des Tages in der Sonne. Durch ein Gitter oder große Sträucher können sie zudem windgeschützt sein. Daher ist die Terrasse meist wärmer und geschützter als offenere Bereiche des Gartens und somit attraktiver und gemütlicher, vor allem an den Abenden.

Tagsüber absorbieren und reflektieren Bodenbelag und Wände die Sonnenwärme. Diese wird abends, wenn die Sonne verschwunden ist, nach und nach abgegeben – eine Art Speicherheizung.

◄ SONNENPLATZ *Diese Terrasse wird von hohen Sträuchern gegen Wind und neugierige Blicke geschützt und liegt so, dass sie das Sonnenlicht voll ausnutzt.*

▼ SONNENANBETER *Rosetten bildende Sukkulenten wie diese Hauswurz (*Sempervivum montanum*), sind an trockene Hitze perfekt angepasst und gedeihen an heißen Plätzen.*

PFLANZEN FÜR HEISSE PLÄTZE

***Achillea millefolium* 'Moonshine'** Staude mit fein geteilten, graugrünen Blättern und im Sommer flachen Köpfen mit vielen winzigen, gelben Blüten.

Osteospermum ecklonis Staude mit graugrünen Blättern und im Sommer margeritenartigen weißen, auf der Rückseite blauen Blüten.

***Lavandula angustifolia* (Lavendel)** Duftender, graublättriger immergrüner Strauch mit blass- bis tiefvioletten Blütenähren im Sommer.

***Salvia officinalis* (Salbei)** Immergrüner Strauch mit aromatischen graugrünen Blättern und blauvioletten Blütenähren im Sommer.

So können Pflanzen, die an kühleren, weniger geschützten Stellen schlecht wachsen, auf der Terrasse gedeihen. Ihre Wachstumsperiode wird durch die Erwärmung des Bodens früh oder spät im Jahr verlängert. Außerdem ist die Terrasse auch im Frühjahr oder Herbst noch angenehm warm.

Umschlossener Raum

Innenhöfe sind in der Regel rundum von Mauern umgeben. Je nach deren Höhe herrschen die unterschiedlichsten Lichtverhältnisse – von praller Sonne bis zu tiefem Schatten. Mauern legen nicht nur die Licht- und Schattenseiten fest, sie schützen auch vor Abkühlung durch Wind. Daher kann es an windigen Tagen im Innenhof einige Grad wärmer sein als außerhalb. Das ist nicht nur angenehm, es hat auch andere Vorteile. Die geringe Luftbewegung in Verbindung mit der höheren Luftfeuchtigkeit durch Pflanzen, feuchten Boden und eventuell ein Wasserelement verstärkt das Aroma von Duftpflanzen, das sich im ganzen Hof ausbreiten kann. Wenn Sie der Feuchtigkeit wegen einen Springbrunnen installieren, werden Sie feststellen, dass das Geräusch des Wassers von den Wänden wie ein Echo zurückgeworfen wird.

Sonnige Wände und die Fliesen im Innenhof haben die gleichen Vorzüge, was Wärme, Schutz und Behaglichkeit angeht, wie eine Terrasse. Zu jeder sonnigen Wand gibt es allerdings auch ein Gegenstück, das im Schatten liegt. Daher können Sie mit wenigen Schritten von einer heißen, sonnigen Stelle in den kühlen Schatten umziehen. Dieser Übergang führt dazu, dass Sie für den Innenhof eine riesige Auswahl an Pflanzen haben, die beide Extreme und die verschiedenen Zwischenstufen vertragen. Die Wände eines Innenhofs sind zudem eine wunderbare Gelegenheit, sie mit Kletterpflanzen und großen Sträuchern zu beleben und zu strukturieren.

Auf wenigen Metern Vorzüge von Sonne und Schatten genießen

KÜHLER INNENHOF *Vor dem Gitter als Sicht- und Windschutz wird das bessere Licht für die Topfpflanzen voll ausgenutzt, während großblättrige, schattenverträgliche Pflanzen wie die Zimmeraralie (*Fatsia japonica*) in der stillen, feuchten Luft vor einer teilschattigen Mauer gedeihen.*

Windkanäle

Innenhöfe und manchmal auch Terrassen können wie ein Windkanal wirken. Dieser entsteht, wenn der Wind auf zwei nebeneinander stehende feste Körper stößt und zwischen ihnen hindurchweht. Dadurch steigt die Windgeschwindigkeit, was das Pflanzenwachstum verringert und für Menschen unangenehm ist. Trifft der Wind auf einen niedrigen, festen Körper wie einen dichten Bretterzaun, weht er darüber hinweg und wird dabei schneller; zudem entstehen hinter dem festen Körper Turbulenzen. In beiden Fällen ist es besser, eine durchlässige als eine feste Barriere gegen den Wind zu errichten. So kann etwas Luft durchdringen, es entstehen keine Turbulenzen und die Windgeschwindigkeit wird deutlich gesenkt. Einfache Gitterwände wirken gut, wenn das Problem nicht allzu groß ist, ansonsten sollten Sie einen Palisadenzaun mit Lücken zwischen den Brettern, eine informelle Hecke oder eine Reihe großer Sträucher in Betracht ziehen.

Wenn sie nicht zu viel Sonne wegnehmen oder einen zu großen Regenschatten schaffen, reduzieren hohe Barrieren die Auswirkungen des Windes auf viel größere Entfernung als kleine.

Wenn Sie Ihre Terrasse oder Ihren Innenhof planen, ist es wichtig, auf potenzielle Windkanäle zu achten. Ebenso wichtig ist es, beim Errichten von Wänden keine neuen Windkanäle entstehen zu lassen.

FILTER UND BARRIEREN

- Ein durchlässiger Windschutz wirkt auf der windabgewandten Seite bis in eine Entfernung, die dem Fünffachen seiner Höhe entspricht.
- In einem neuen Garten können Sie einen Windschutz aus Weidengeflecht verwenden, bis Ihre Pflanzen soweit gediehen sind, dass sie diese Aufgabe übernehmen können.

SCHUTZ VOR DEM WIND
Ein stabiler Lattenzaun filtert den Wind, ohne Turbulenzen zu schaffen. Je größer die Kletterpflanzen werden, desto stärker wird diese Wirkung.

▶ LICHTER SCHATTEN
Ein angenehmer Sitzplatz an heißen Tagen: Hier wurde der dichte Schatten dadurch aufgelockert, dass an dem Baum in der Ecke des Gartens (oben rechts) *die unteren Äste entfernt wurden – ein hohes, lichtdurchlässiges Laubdach entstand.*

▼ SCHATTENLIEBHABER
Das robuste Immergrün (Vinca minor), *ist die ideale Pflanze für trockene Schattenflächen und ein großartiger Bodendecker.*

Sonne, Schatten, Regenschatten

Welche Mittel man gegen zu starken Schatten ergreifen kann, hängt von seiner Ursache ab. Wenn er von einer festen, senkrechten Mauer stammt, können Sie diese weiß streichen oder mit panaschierten Pflanzen für Licht und Farbe sorgen.
Unter einem großen Strauch oder Baum lässt sich der Schatten durch das Entfernen einiger niedriger Äste reduzieren. Die beste Lösung könnte sein, den Baum ganz zu entfernen und so vielleicht eine vorher verdeckte Aussicht zu öffnen. Informieren Sie sich aber vorher, ob Sie dafür nicht eine Genehmigung der Ortsbehörde brauchen.
Regenschatten sind die trockenen Streifen auf der windabgewandten Seite von Wänden, dichten Zäunen und Hecken, wo Regen nur bei Windstille ankommt *(siehe S. 53)*. Man kann sie sehen, wenn es nach einer Trockenperiode erstmals regnet. Pflanzen Sie Sträucher und Kletterpflanzen in einiger Entfernung von der Wand, verbessern Sie den Boden mit organischer Substanz, gießen Sie bei sehr trockenem Wetter.
Wenn Sie statt eines dichten Zauns einen durchlässigeren aufstellen, kann etwas Regen durchdringen. Hecken, besonders aus Koniferen, verstärken das Problem mit ihren durstigen Wurzeln. Sie können die Wurzeln jedes Jahr zurückschneiden, oder Sie setzen dort trockenheitsliebende Pflanzen.
Sonnenhungrige Zwiebelpflanzen wie Guernseylilien mögen Trockenheit, vor allem während ihrer Ruhezeit.

> Im Regenschatten fühlen sich trockenheitsliebende Pflanzen wohl

Ein Stil nach Ihrem Geschmack

Was ist der Unterschied zwischen Geschmack und Stil? Als Stil bezeichnet man etwas, das allgemein erkannt wird – etwa Impressionismus oder Art Deco. Geschmack ist persönlicher und kann einem bestimmten Stil oder einer Kombination verschiedener Stile entsprechen. Ihr Entwurf muss letzten Endes vor allem Ihren Bedürfnissen entsprechen. Lassen Sie sich von anderen Gartenideen anregen, wandeln Sie sie aber ruhig ab und schaffen Sie etwas Eigenes.

Inspirationsquellen

In den dunklen Wintermonaten ist es sicher angenehm, zu Hause im Sessel Bücher und Zeitschriften durchzublättern, die beste Inspirationsquelle ist aber ein Besuch in schönen Gärten.

Das können Privatgärten sein, die nur an ein bis zwei Tagen im Jahr zugänglich sind, großartige historische Anlagen, botanische Gärten oder gärtnerische Ausbildungszentren mit einer breiten Auswahl an Pflanzen und Schaugärten. Die neuesten Trends finden Sie auf großen Blumen- und Gartenschauen, wo meist neben ultramodernen auch traditionelle Stile gezeigt werden.

In guten Gärten werden Sie ein Gefühl für die Größe und die Eigenschaften der Pflanzen bekommen und die verschiedensten Elemente sehen, die Ihnen Anregungen für die Planung Ihrer eigenen Anlage bieten.

Verschiedene Möglichkeiten

Ob Ihr Geschmack sich in einem formellen Stil mit symmetrischen Winkeln und klarer Pflanzung ausdrückt oder ob Sie einen eher lockeren, informellen Stil mit Bögen und sanften Linien bevorzugen, müssen Sie selbst entscheiden – vielleicht beschließen Sie, beides zu kombinieren. Eine Regel für gutes Design ist, lieber einfach zu bleiben und unnötige Komplikation zu meiden.

Feste Bauelemente, befestigte Flächen, Wände und Wege, bilden den Rahmen der Entwürfe. Durch die Entscheidung für ein

ULTRAMODERN
Die sauberen, scharfen Linien dieses sehr modernen Innenhofs bilden mit dem Haus, das ihn umschließt, eine Einheit. Hellbraunes Holz, heller Stein und glänzendes Metall passen gut zu der formellen Umgebung. Nichts stört oder wirkt fehl am Platz.

TRADITIONELL
Rosen an der Tür sind vielleicht die Erfüllung Ihres Traums, wenn Sie es im Herzen mit der Tradition halten. Die üppigen Blüten und die sanften Linien der Pflanze sind ungekünstelt. Passend zum Stil dürfen sich die Pflanzen bis auf die Kiesfläche ausbreiten.

Material wie Ziegel oder Naturstein, für einen Farbton oder strukturelle Elemente ergibt sich ein einheitliches Thema, das verhindert, dass die Anlage ungeordnet wirkt. Ein kräftiger Hintergrund ergibt mehr Möglichkeiten, bei der Bepflanzung zu variieren.

Pflanzungen nach einem Farbschema können die Stimmung eines Gartens festlegen. Kühles Blau, Grau oder Grün wirkt sehr erfrischend und sorgt auch für Tiefe und Perspektive. Pastellrosa, Gelb und Flieder wirken warm und entspannend, während lebhaftes Orange, Rot oder Gold die Aufmerksamkeit auf sich zieht.

Eine weitere Dimension ist Bewegung. Hohes Gras schimmert im Wind. Wasserelemente sorgen für Akustik und Bewegung, reflektiertes Licht und beruhigendes Gemurmel. Mobiles aus Glas oder poliertem Metall erzielen den gleichen Effekt.

▲ SKULPTUREN
Über den dekorativen Effekt hinaus sind diese Bronzeschweine auch ein Hinweis auf den Humor ihres Besitzers.

◄ FLIESSENDES WASSER
Der klassische Springbrunnen wirkt durch seine Gestaltung in dieser modernen Umgebung stimmig.

Rahmen und Füllung

Bei Innenhöfen und Terrassen lässt es sich kaum vermeiden, dass ein Großteil der Fläche von Bodenbelag eingenommen wird. So bleibt nur wenig Raum zum Bepflanzen, und es empfiehlt sich, Pflanzen zu wählen, die ihren Zweck gut erfüllen und nicht zu groß werden. Ein wichtiger Bestandteil des Rahmens sind immergrüne Sträucher, die das ganze Jahr über für grüne Farbe und während der Saison für Blüten sorgen. Laubwerfende Sträucher wie *Weigela florida* 'Aureovariegata' erweitern das Farbspektrum. Sorgfältig platziert, um Probleme mit überschüssigem Wachstum und Schatten zu vermeiden, bringen viele kleine Bäume wie Holzäpfel *(Malus* sp.*)* Höhe, Blüten und Früchte zur entsprechenden Jahreszeit in den Garten. Viele Pflanzen mit farbiger Rinde wie *Cornus alba* 'Sibirica' sorgen in den Wintermonaten für Leben.

Ein strukturierter Rahmen aus holzigen Pflanzen bildet den Hintergrund für eine weichere, übers Jahr veränderliche Füllung aus Stauden, Zwiebelpflanzen und Einjährigen. Stauden mit langer Blühperiode wie *Anemone* x *hybrida* 'Honorine Jobert' oder mit Blütenköpfen, die auch später noch schön sind, wie *Sedum spectabile* sind ihr Geld wert. Mit versetzt blühenden

KONTRAPUNKT

- Verwenden Sie Pflanzen mit auffälligen Blättern wie *Acanthus mollis* oder *Verbascum olympicum* als Blickfang.
- Variationen im Habitus schaffen Kontraste – etwa eine hohe Säule aus Gras wie *Miscanthus* neben der niedrigen, immergrünen Kuppel der *Skimmia japonica* 'Rubella'.
- Setzen Sie verschiedene Blattstrukturen nebeneinander – fedrige Astilben zu großblättrigen Funkien oder stachlige Yuccas neben rundlichen Mauerpfeffer.

▲ MEHRZWECKPFLANZEN
Kletterrosen und Geißblatt verströmen nicht nur ihren Duft, sondern spenden an heißen Sommertagen auch willkommenen Schatten.

▶ FARBKONTRAST
*Die vielseitige dunkelblättrige Kirsche (*Prunus cerasifera *'Nigra') bietet Schutz, Höhe und den ganzen Sommer über Blattkontrast. Im Frühjahr blüht sie rosa.*

Unterpflanzungen sorgen Sie für Abwechslung. So können Sie einen sommerblühenden *Hibiscus syriacus* mit *Dicentra spectabilis* 'Alba' unterpflanzen, die lange Zeit im späten Frühjahr blüht, und darunter wieder Zwiebelpflanzen wie *Chionodoxa*, die im zeitigen Frühjahr blaue Sternblüten bildet.

Schutz vor Unkraut

Alle Pflanzen, die die Ausbreitung von Unkraut verhindern, indem sie den Boden bedecken, sind optimal, wenn Sie kaum Zeit für Gartenpflege haben. Traditionelle niedrige Bodendecker wie Efeu (*Hedera*) und Kleines Immergrün (*Vinca minor*) gedeihen sowohl in der Sonne als auch im Teilschatten. Bodendecker müssen weder niederliegend noch immergrün sein. Taglilien (*Hemerocallis*) und Fingerkraut (*Potentilla fruticosa*) haben eine hohe, attraktive Form und blühen fast den ganzen Sommer über.

KLEINE BÄUME

Arbutus unedo Immergrün, mit attraktiver Rinde; glockenförmige, weiße Blüten und kleine, rote Früchte erscheinen im Herbst.

Betula albosinensis Abblätternde, orangebraune Rinde und kräftig gelbes Herbstlaub.

Crataegus pedicellata Weiße Blüten im späten Frühjahr; schöne Blattfärbung und strahlend rote Früchte im Herbst.

Sorbus cashmeriana Weiße Blüten im Frühjahr; schöne Blattfärbung und Trauben weißer Beeren im Herbst.

Sorbus vilmorinii Weiße Blüten im späten Frühjahr; die dunkelroten Beeren im Herbst werden mit der Zeit rosa und weiß; schöne Herbstfärbung.

***Prunus × subhirtella* 'Autumnalis'** Schöne Herbstfärbung und weiße oder rosa Blüten in milden Perioden zwischen Herbst und Frühjahr.

IN ENGEN GRENZEN
Kletter- und Rankpflanzen an kräftigen Gittern hochziehen, damit sie am Boden keinen Platz wegnehmen.

Pläne für Terrassen und Innenhöfe

Eine Auswahl möglicher Entwürfe

Der Entwurf, den Sie von Ihrer Terrasse oder Ihrem Innenhof anfertigen, spiegelt natürlich Ihren Stil und Lebensstil wider. Die Pläne auf den folgenden Seiten sollen Sie inspirieren und zeigen, was möglich ist. Sie behandeln viele Planungsprobleme, die auf kleinen Flächen oft Auftreten und geben Tipps, wie sie größer erscheinen können. Sie werden hier eine reiche Auswahl an Ideen finden, die Sie kombinieren und Ihrem Garten anpassen können.

Welches Problem haben Sie?

Die Pläne zeigen, wie Sie mit heißen Stellen umgehen (*siehe S. 24*), einen kühlen, schattigen Platz gut ausnutzen (*siehe S. 26*) oder ein schwieriges Grundstück angehen (*siehe S. 32, 42*). Vielleicht haben Sie eine Betonwüste (*siehe S. 38*), die Sie beleben wollen (*siehe S. 46*)? Wenn Sie einen Ausgleich für das moderne Leben suchen, ist ein abgeschiedener Platz (*siehe S. 34, 40*) oder etwas Aromatherapie (*siehe S. 30*) das Richtige für Sie. Wie könnten Sie sich besser erholen als bei einem Abendessen im Freien mit Freunden (*siehe S. 36*)? Was tun, wenn Sie Ihre Bedürfnisse mit denen Ihrer Kinder verbinden wollen (*siehe S. 28*)? Sie können sogar gemeinsam Ihr Obst und Gemüse anbauen (*siehe S. 44*).

WINZIGER INNENHOF *Der kleinste Platz lässt sich in ein gemütliches Eck zum Entspannen verwandeln. Möglicherweise braucht er nach der ersten Anlage nicht einmal mehr viel Pflege. Selbst wenn kein Erdboden vorhanden ist, können Sie doch einige ausgewählte Pflanzen in Töpfen ziehen.*

◄ ALLES, WAS SIE BRAUCHEN *Eine sonnige Terrasse, etwas Schatten und kein Rasen zum Mähen.*

HEISSE, TROCKENE TERRASSE

HEISSE, TROCKENE FLÄCHEN können sehr einladende Sitzplätze sein, aber manchmal wünscht man sich kühlen Schatten. Diese Terrasse verbindet das Beste beider Welten, mit einer gefliesten Fläche in voller Sonne in der Mitte – umgeben von Pflanzen, die trockene Hitze mögen. Sie ist mit einer weiteren gefliesten Fläche unter der Holzpergola verbunden, die mit Kletterpflanzen überwachsen vor hohen Sträuchern steht und für Schatten sorgt. Ein Springbrunnen aus einem durchbohrten Stein zwischen Kopfstein und Kieseln bildet den Mittelpunkt, spendet Feuchtigkeit und den angenehmen Klang von bewegtem Wasser. Er wurde so geplant, dass kein Wasser stehen bleibt, und ist daher kindersicher.

Heiße Ecke für höhere, sonnenhungrige Pflanzen wie Säckelblume, Salbei und Beifuß.

Helle Fliesen bilden eine feste Oberfläche und ein einheitliches Element im Design.

Pergola mit Holzquerbalken sorgt in der heißen Mittagssonne für Schatten.

Waschbetonplatten sind dekorativ und rutschfest, auch wenn sie in schattigen Ecken mit Algen bedeckt sind.

Hohes Gefäß für sonnenliebende Zwiebelpflanzen wie duftende Lilien oder lange blühende Stauden wie Schmucklilien.

Ein Tisch für vier mit reichlich Platz rundum und einem Sonnenschirm für gemütliche Abendessen.

Ein durchbohrter Stein mit Brunnendüse. Durch die Kopfsteine und Kiesel im Becken bleibt kein Wasser stehen.

Die warmen roten Blätter der *Berberis thunbergii* 'Rose Glow' kontrastieren mit dem blauen Gras *Festuca glauca* im Vordergrund.

Eine Kiesfläche schließt sich an die Platten an; mit dem Untergrund aus Geotextil ist sie pflegeleicht und »mähfrei«.

Pflanzgefäße unterschiedlicher Höhe und Breite sorgen optisch für Abwechslung und bieten Platz für wärmeliebende Pflanzen wie Hauswurz.

DESIGN-VORSCHLÄGE

- Die positiven Aspekte trockener Hitze ausnutzen und die unangenehmen durch einen Schattenspender ausgleichen.
- Mit einem sicheren, bewegten Wasserelement für kühle Feuchtigkeit sorgen.
- Leicht erhältliche, pflegeleichte trockenheits- und hitzeverträgliche Pflanzen für den Boden wie für Gefäße einplanen.

Ein Gitter sorgt für Sicht- und Windschutz und dient als Rankgerüst für Kletterpflanzen wie *Actinida kolomikta* und duftende Kletterrosen.

Schattenfläche mit schattenverträglichen Sträuchern wie *Mahonia* x *media* und Fuchsien sowie *Lamium maculatum* als Bodendecker.

Eine Sitzbank unter der Pergola kann nach Wunsch bewegt werden, um den Schatten im Lauf des Tages auszunutzen.

Hohe Sträucher wie *Buddleja davidii, Elaeagnus pungens* 'Maculata', *Hibiscus syriacus und Berberis* x *ottawensis* 'Superbia' sorgen für Schatten und Windschutz.

Hohe Gräser wie *Miscanthus sacchariflorus* und *Stipa gigantea* dienen als Sichtschutz und bringen bei der leichtesten Brise Klang und Bewegung.

Sedum spectabile hat im Frühjahr und Sommer interessante Blätter, im Spätsommer ziehen die Blüten Schmetterlinge an.

PERGOLEN ALS SCHATTENSPENDER

Pergolen sind eine gute Methode, um Schatten und Sichtschutz zu schaffen. Eine Pergola ist eine Reihe von senkrechten Pfosten oder Pfeilern aus Holz oder Mauerwerk, die ein System aus waagerechten Balken oder Bögen, meist aus Holz oder Metall tragen. Die Pfosten müssen fest im Boden verankert sein (auf mindestens 45 cm Tiefe), bestehen sie aus Mauerwerk, brauchen sie ein geeignetes Fundament.

◄ MASSSTABGETREU
Die lichte Höhe einer Pergola sollte mindestens 2,1 m betragen; darunter wirkt das Dach bedrückend. Der Abstand zwischen den Pfosten sollte bei mindestens 1,2 m über einem Weg und bei 1,8 m an einem Sitzplatz liegen.

▼ GUTE PROPORTIONEN
Die schlanken Pfeiler tragen, ohne allzu auffällig zu wirken. Für kleine Pergolen sind dünndrähtiges Metall, Schmiedeeisen oder leichte Holzbalken ideal.

EIN SCHATTIGER INNENHOF

VIELE INNENHÖFE SIND VON HOHEN MAUERN und Gebäuden umgeben, manchmal dringt kein direktes Sonnenlicht bis zum Boden vor, auch wenn vielleicht das obere Ende einer Wand erreicht wird. Bei dieser Anlage bilden Pflanzen, die in feuchtem Schatten gedeihen, den Rahmen um eine Fläche aus mit Ziegeln eingefasstem Waschbeton und Kies. Waschbeton- und Steinplatten wurden für raue, rutschfeste Flächen gewählt, die Platten haben etwas Abstand, so dass Platz für Pflanzen dazwischen ist. Der helle Bodenbelag und die weißen Wände reflektieren das Licht, die Wände spiegeln sich in der glatten Oberfläche des Wasserbeckens.

Die Blätter des *Philadelphus coronarius* 'Aureus' brauchen Schatten.

Trittplatten verstärken die Illusion des weiß gestrichenen falschen Tores, das die Wand belebt.

Der formelle Teich liegt mitten in einer Fläche, die genügend Licht von oben erhält, um die Reflexion voll auszunutzen.

Felsblöcke und etwas dunklerer Kopfstein unterbrechen die weite Kiesfläche und kontrastieren mit ihr.

Für Pflanzungen im Schatten sind Farne wie Wurmfarn und Stauden wie Tränendes Herz, Astilben, Kaukasusvergissmeinnicht und Mädesüß geeignet.

Die dunkle Ecke wird durch die goldgefleckten Blätter der *Aucuba japonica* 'Crotonifolia' belebt.

Der interessante Umriss des Farns *Matteuccia struthiopteris* spiegelt sich im stillen Wasser.

Die blass blühende Kletterpflanze *Schizophragma hydrangeoides* erhellt die dunkle Wand.

Die apfelgrünen Blätter des Bambus *Fargesia murielia* bilden den Hintergrund für Terracotta-Gefäße.

DESIGN-VORSCHLÄGE

- Die düstere Atmosphäre eines schattigen Innenhofs durch helles Baumaterial mildern.
- Bodenplatten verwenden, die auch feucht rutschfest und sicher sind.
- Ein vertikales Element in Form von Kletterpflanzen an den Wänden einbringen.

Die blass blühenden *Sträucher Hydrangea villosa* und *H. macrophylla* 'Lanarth White' sind unterpflanzt mit silberblättrigen *Pulmonaria saccharata.*

Die am besten beleuchtete Fläche des Hofs wird als Sitzplatz erhöht und mit weißen Möbeln und hellen Bodenplatten weiter erhellt.

Die Ziegeleinfassung ist ein schönes Detail und hält den vor Ort gegossenen Waschbeton fest.

Unterschiedlich große rechteckige Platten liegen auf Kies; in die Zwischenräume können Pflanzen gesetzt werden.

Eine zur Terrasseneinfassung passende, runde Fläche mit hellem Kies und Ziegelsteinen bildet den Untergrund für drei kretische Terracotta-Vasen.

N

DIE DÜSTERNIS VERTREIBEN

Es gibt hervorragende Blüten- und Blattpflanzen wie Hortensien und *Euonymus fortunei*-Sorten, die dunkle Ecken erhellen. Die meisten allerdings kommen vor einer dunklen, sonnenlosen Wand kaum zur Geltung. Weiß oder hell gestrichene Wände sind ein besserer Hintergrund für Pflanzen und reflektieren das Licht, so dass der ganze Raum heller wirkt. Weitere Lichtpunkte können hell lackierte Gitter, Spiegel oder *trompe l'oeil*-Türen, -Bögen oder-Fenster sein.

▲ LEUCHTENDE FARBEN
Bodenbelag, Möbel und Fliesenmosaik an der Wand verringern die Düsternis dieses schattigen Innenhofs.

◄ WEISSE WÄNDE
Das klare, saubere Weiß der Wände reflektiert das Licht hervorragend. Werden sie ein Mal im Jahr neu gestrichen – die Arbeit eines Tages –, sehen sie immer wie neu aus.

Ein Innenhof für die ganze Familie

Einen kleinen Garten so zu planen, dass die oft gegensätzlichen Interessen aller Familienmitglieder berücksichtigt werden, ist nicht leicht. Dieser Entwurf bietet den Kindern Platz zum Toben und Spielen und den Erwachsenen attraktive Elemente nach ihrem Geschmack. Zu dem klaren geometrischen Grundriss passen die Ziegeleinfassungen, niedrige Mauern stützen die Erde für Hochbeete. Die Terrasse liegt in der Sonne, und dauerhafte Sitztruhen nehmen Spielzeug und Gartengeräte auf. Der Sandkasten hat einen abnehmbaren Deckel, der die Katzen fern hält; eine große Spielfläche ist mit Rinde gemulcht.

Zu den sicheren Sträuchern gehören *Weigela florida* 'Foliis purpureis' und Salbei *Salvia officinalis* 'Tricolor'.

Sandkasten mit Waschsand oder Silbersand; er darf keinen Kalk enthalten, damit keine Hautreizungen entstehen.

Hochbeete bringen die Pflanzen aus der Tobzone in Sicherheit.

Wand mit Gitter als Rankgerüst für duftende Kletterrosen

Schmetterlinge fühlen sich von *Buddleja* 'Lochinch' angezogen und erfreuen Erwachsene und Kinder.

Die schattige Pergola mit Sitzplatz wird von einer Glyzine umrankt und bietet einen Platz zum Ausruhen.

Rindenhäcksel ist ein sicherer Untergrund beim Spiel.

N

DESIGN-VORSCHLÄGE

- Sicherer Spielplatz für die Kinder und Essplatz im Freien durch Umgestaltung des Hinterhofs.
- Kindersicheres Wasserelement, Spielflächen und ein Sandkasten mit Deckel (um Katzen fern zu halten; durch Verschmutzung besteht Gefahr einer *Toxicara*-Infektion, die zum Erblinden führen kann).
- Robuste Bepflanzung mit ungiftigen, dornenlosen, nicht reizenden Pflanzen.

Sitztruhe, in der Gartenwerkzeug und Spielzeug gelagert werden können.

Robuster Tisch mit Stühlen für Abendessen und Parties im Freien gefällt Erwachsenen und Kindern.

Die späten Blüten der *Hydrangea* 'Preziosa' lassen sich pressen oder trocknen und für Collagen und andere Bastelarbeiten für Regentage verwenden.

Fein strukturierter, rutschfester Boden aus kleinen Ziegelfliesen eignet sich für Spielzeug mit Rädern und Dreiradfahrten.

Das Wasserelement mit gebohrtem Stein ist von Kopfstein umgeben und hat einen geschlossenen Wasserkreislauf mit Schwachstrom-Pumpe; es ist vom Haus aus einsehbar.

Ziegeleinfassung liegt plan mit der Rindenfläche, so dass keine Stolperstufe entsteht.

SICHERHEIT SPIELT DIE HAUPTROLLE

Ungiftige Pflanzen und sichere, rutschfeste Flächen sind in Gärten für Kinder wichtig. Wenn Wasserelemente für Kinder zugänglich sind, müssen auch sie sicher geplant werden. Ein traditioneller Teich wird sicherer, wenn man etwa drei Zentimeter unter der Oberfläche eine Baustahlmatte einzieht, aber auch das ist nicht ungefährlich. Noch sicherer ist es, wenn kein Wasser stehen bleibt.

▲ HOLZDECK
Wenn Sie sich für eine Fläche, auf der die Kinder sich aufhalten, ein Holzdeck wünschen, sollte es aus gekerbtem Hartholz bestehen, das weniger rutschig ist als glattes Holz und kaum splittert.

▼ KINDERFREUNDLICHES WASSER
Dieser Brunnen mit geschlossenem Wasserkreislauf saugt das Wasser mit einer Pumpe und verdeckten Rohren aus dem Sammelbecken. Dieser ist mit engmaschigem Draht überzogen.

EIN INNENHOF DER DÜFTE

EINER DER GRÖSSTEN VORZÜGE VON INNENHÖFEN ist die relative Windstille, durch welche der Duft der Pflanzen sich entfalten kann und nicht schnell verweht wird. Dieser Entwurf arbeitet intensiv mit Düften in verschiedenen Jahreszeiten und enthält auf kleinem Raum etliche hübsche Elemente, ohne überladen oder unruhig zu wirken. Es gibt reichlich befestigte Fläche und Platz für Möbel zum Essen und Feiern im Freien. Die Vertikale wird durch Kletterpflanzen an einer Pergola, an Torbögen und einer Laube betont, während ein Kamillenrasen und Pflanzen in Hochbeeten in der unteren Etage für Aroma sorgen.

Der kleine Baum *Malus* 'Golden Hornet' mit duftenden weißen Blüten im Frühjahr und später gelben Holzäpfeln.

Im Spätwinter und zeitigen Frühjahr duftet die *Clematis cirrhosa* var. *balearica* am Wandgitter.

Das Hochbeet bringt den Duft von *Mahonia* x *media* 'Winter Sun', *Syringa meyeri* 'Palibin', Ziertabak und Malven auf »Nasenhöhe«.

Die fächerförmige Pergola sorgt für Schatten und bildet das Gerüst für die *Wisteria floribunda* mit duftenden Blüten im Frühsommer.

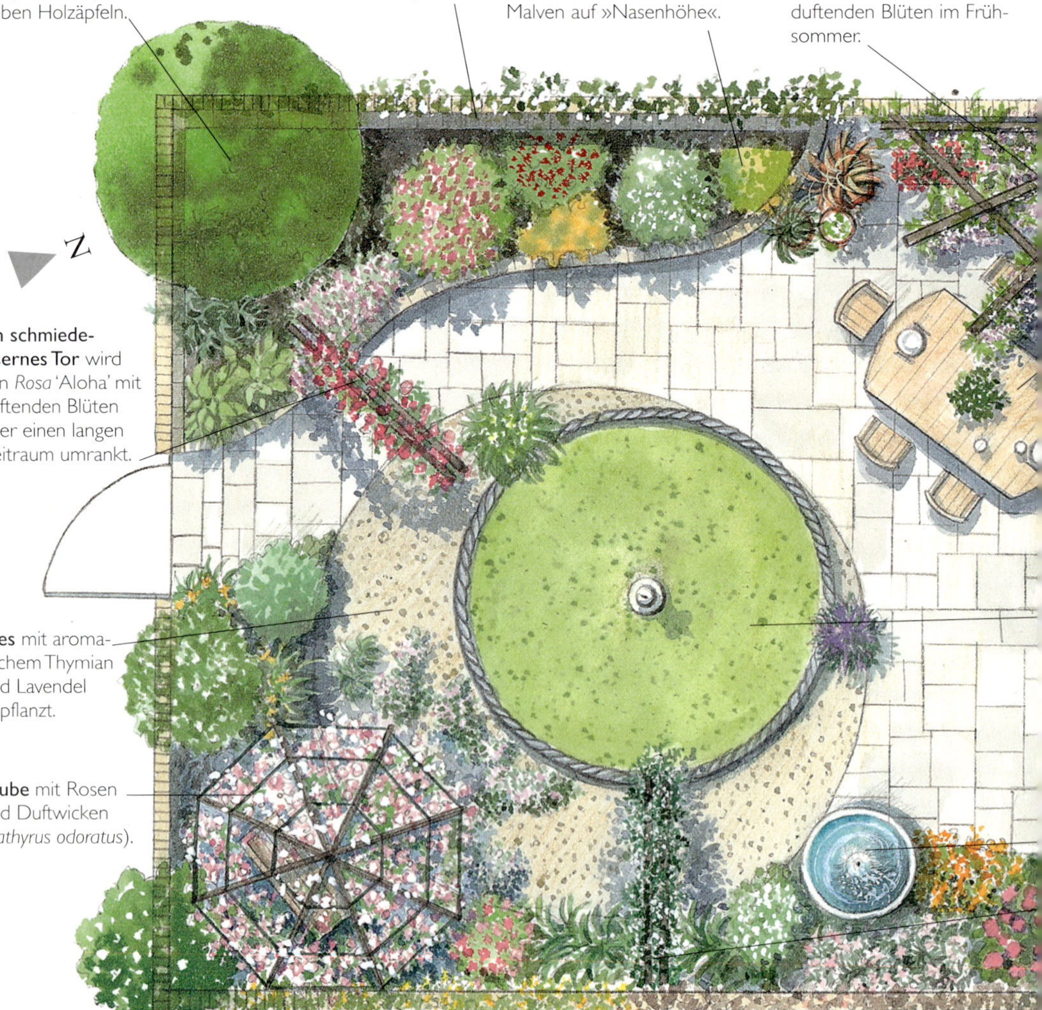

Ein schmiedeeisernes Tor wird von *Rosa* 'Aloha' mit duftenden Blüten über einen langen Zeitraum umrankt.

Kies mit aromatischem Thymian und Lavendel bepflanzt.

Laube mit Rosen und Duftwicken (*Lathyrus odoratus*).

DESIGN-VORSCHLÄGE

- Die Windstille des geschützten Innenhofs ausnutzen und den Blütenduft einfangen.
- Elemente auf verschiedenen Höhenstufen und Duft auf jedem Niveau vom Boden an.
- Reichlich Platz für gemütliches Essen und Feiern im Freien.
- Wasserelement, um die Feuchtigkeit zu erhöhen und den Klang von bewegtem Wasser anzubieten.

Tisch und Stühle für sechs Personen in hellem Hartholz.

Großzügige Fläche mit unterschiedlich großen rechteckigen Steinplatten bietet reichlich Platz zum Essen im Freien.

Kamillenrasen (*Chamaemelum nobilis* 'Treneague') wird von Randfliesen mit Zopfmuster eingefasst.

Kleiner erhöhter Teich mit Springbrunnen verbessert die Luftfeuchtigkeit und hält das Aroma länger in der Luft.

Torbogen mit stark duftendem *Jasminum officinale* var. *affine*, der von Sommer bis Herbst blüht.

EIN DUFTENDER TEPPICH

Die traditionelle Pflanze für diesen Zweck ist eine nicht blühende Kamille, *Chamaemelum nobile* 'Treneague'; sie verströmt ihren fruchtigen Duft, wenn man leicht auf die Blätter tritt. Pflanzen Sie sie im Abstand von 15 cm in gut dräniertem Boden in der Sonne, und schneiden Sie sie im Frühjahr und im Hochsommer mit der Heckenschere. So gedeihen auch viele niedrige Thymianarten gut.

KRIECHENDER THYMIAN
Niedrige Thymianarten wie dieser Thymus serpyllum *ertragen es, betreten zu werden und sind ideal für Pflanzungen zwischen Bodenplatten oder in Kies.*

NELKENDUFT
Viele Nelken wie diese 'Haytor White' *duften charakteristisch nach Gewürznelken. Nutzen Sie ihren niedrigen, dichten Wuchs für eine duftende Beeteinfassung.*

DUFT AUF DEM WEG
Wenn Sie die Lücken zwischen Bodenplatten nicht verfugen, können Sie dort aromatische Pflanzen wie Thymian oder Majoran setzen, die ihren Duft verströmen, wenn man sie im Vorbeigehen berührt.

Terrassen in schmalen Gärten

Die beengende, flurartige Wirkung von langen, schmalen Gärten ist ein verbreitetes Problem. Hier wird es so gelöst, dass die Terrasse um 45° gedreht wird und der Weg in einer Reihe von Winkeln geführt wird. Steinplatten werden mit Ziegelreihen abgesetzt und betonen den verwinkelten Aspekt der Terrasse; ein Sichtschirm mit fensterartigen Ausschnitten unterbricht die lange Sichtachse durch den Garten und teilt unterschiedliche Bereiche ab. Die Wände von hässlichen Nebengebäuden werden durch Kletterpflanzen und Sträucher verdeckt. Ein erhöhter formeller Teich ist ein auffälliger Blickpunkt an einer Seite der Terrasse, seine breite Randeinfassung dient gelegentlich als Sitzplatz.

Zum Verdecken der unansehnlichen Grenzmauer dient der immergrün Strauch *Ceanothus* 'Delight' mit tiefblauen Blüten Mitte bis Ende des Frühjahrs.

Ein Gitter an der Wand des Nebengebäudes stützt die immergrüne Kletterpflanze *Clematis cirrhosa* var. *balearica* als Sichtschutz.

Der formelle Teich betont durch seine Lage die diagonalen Linien und hat eine breite Randeinfassung, die gelegentlich als Sitz dienen kann, um die Pflanzen und das Leben im Teich aus der Nähe zu betrachten.

Ein durchbrochener Sichtschirm aus Gitterelementen ermöglicht Einblicke in den Garten und begrenzt die Terrasse.

Helle Steinplatten reflektieren so viel Licht und Wärme wie möglich.

Balkontüren bilden den Zugang zur Terrasse und bieten vom Haus aus einen Blick in den Garten.

Diagonal verlegte streifige Ziegel unterbrechen die regelmäßigen Bodenplatten und betonen den verwinkelten Aspekt der Terrasse.

DESIGNVORSCHLÄGE

- Die lange, schmale Fläche in verschiedene »Räume« unterteilen, die ein Gefühl von Privatsphäre schaffen und zum Erforschen des Gartens einladen.
- Eine Terrasse zum Essen und Feiern mit direktem Zugang zum Haus schaffen.
- Einen formellen Teich einplanen, der zudem gelegentlich als Sitzplatz dient.
- Durch Bepflanzung mit hohen Sträuchern und Kletterpflanzen unansehnliche Nebengebäude verbergen.

Zwei Torbögen mit Rosen und Waldreben stehen im rechten Winkel und verbinden zwei Sichtschutz-Gitterelemente.

Eine Statue erhebt sich aus einem Meer von Blüten und Blättern als Blickpunkt an der Sichtachse vom Sitzplatz auf der Terrasse.

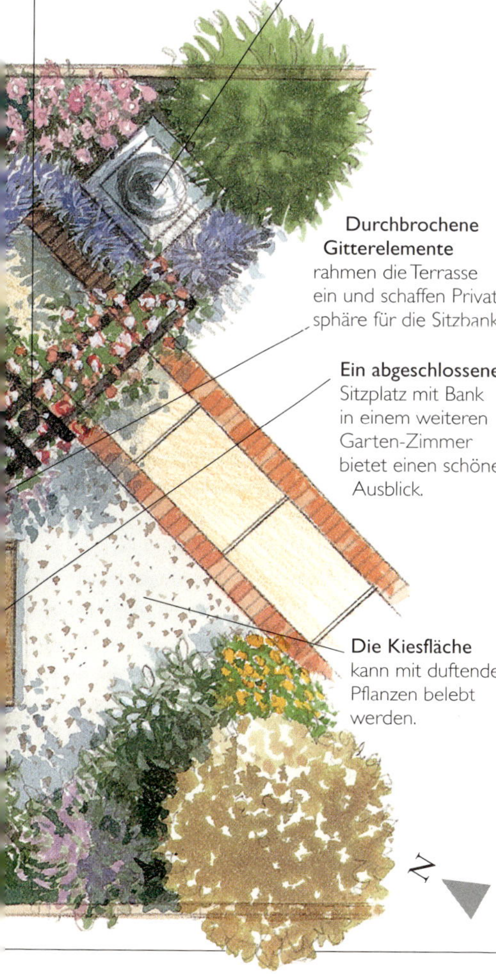

Durchbrochene Gitterelemente rahmen die Terrasse ein und schaffen Privatsphäre für die Sitzbank.

Ein abgeschlossener Sitzplatz mit Bank in einem weiteren Garten-Zimmer bietet einen schönen Ausblick.

Die Kiesfläche kann mit duftenden Pflanzen belebt werden.

DEN RAUM UNTERTEILEN

Einer der Tricks von Gartenplanern zur Lösung der Probleme von langen, schmalen Gärten ist es, die Aussicht über die Länge des Gartens mit Sichtschutzelementen zu unterbrechen. Sichtschirme mit Fenstern sind für diesen Zweck gut geeignet. Sie ermöglichen Blicke hindurch und laden zum weiteren Erforschen des Gartens ein, wirken aber nicht so beengend wie solidere Sichtschirme.

▲ SICHTSCHIRM MIT FENSTER
Hier unterteilen leichte, luftige Gitterelemente mit Fenstern einen langen Korridor in gemütlichere Räume mit angenehmen Proportionen.

▶ ZAUBERSPIEGEL
Bei dieser Variation des Themas Sichtschirm mit Fenster wird mit einem Spiegel die Illusion eines verborgenen Raums hinter dem Tor, das ihn einfasst, geschaffen. Er reflektiert außerdem das Licht und schafft ein Gefühl von Weite.

INFORMELLE TERRASSE

BEI NEUEN HÄUSERN FINDEN SICH meist quadratische oder rechteckige Terrassen; dieses Schema wird hier aufgegeben und eine dynamischere, organische Anlage geschaffen. Die weite Rundung der Ziegelterrasse geht in einen Weg durch den ganzen Garten über. Im Hintergrund steht ein Vogelbad aus Stein mit einem gebogenen schmiedeeisernen Sichtschirm. Der Kaskadenbrunnen mit drei Edelstahlschalen steht im Mittelpunkt des fast kreisrunden Sitzplatzes. Runde Tore, Hochbeete und eine weite Rasenflächen betonen das Thema, informelle Pflanzungen fassen einen abgeschiedenen Sitzplatz mit Duft, Farbe und Strukturkontrasten ein.

DESIGN-VORSCHLÄGE

- Design beruht auf Rundungen und verzichtet auf die übliche rechtwinklige Terrasse.
- Das Thema Rundungen wird in hohen Elementen wie Sichtschirmen und Torbögen und an Blickpunkten wie Brunnen und Vogelbad aufgegriffen.
- Ein abgeschlossener Sitzplatz zwischen üppigen Pflanzen.
- Material auswählen, das leicht in Rundungen zu verarbeiten ist.

Vogelbad auf Steinsockel liegt höher als die Pflanzen, damit sich kein Laub im Wasser sammelt.

Blauer schmiedeeiserner Sichtschirm mit Waldrebe bildet einen eleganten Hintergrund für das Vogelbad.

Gitter als Gerüst für Kletterrosen und Waldreben verdeckt die Grenzmauer.

Rabatte mit: *Juniperus chinensis* 'Aurea', *Viburnum opulus* 'Compactum', Herbstanemonen, *Iris pallida* 'Argentea Variegata' ist das ganze Jahr über interessant.

Terrassenfläche geht in einen Weg durch den ganzen Garten über.

RUNDUNGEN MIT FLIESEN AUSLEGEN

Große quadratische oder rechteckige Fliesen sind ideal für gerade Anlagen, aber weniger geeignet für sanfte Rundungen. Selbst wenn sie zugeschnitten werden, wirken sie noch immer eckig. Kleinere Einheiten wie Halbsteinziegeln, Tonfliesen, Pflaster- oder Kopfsteine können Sie um engere, variablere Rundungen legen und sind viel freier in den Formen, die Sie schaffen können.

◄ KREISE BILDEN
Die runde Einfassung des Brunnens besteht aus fest verlegten Halbsteinen und losen Kieseln. Beachten Sie die beschnittenen quadratischen Fliesen.

▼ RUNDUNGEN AUSLEGEN
Die beste Wirkung entsteht beim Auslegen von kleinen Tonfliesen in Rundungen, wenn die Fugen so klein und gleichmäßig wie möglich sind.

TERRASSE ALS ESSZIMMER IM FREIEN

DIE VORAUSSETZUNGEN FÜR EIN GEMÜTLICHES ESSEN IM FREIEN sind ausreichend Platz den Essbereich, Schutz vor den Elementen und ein Standort in der Nähe des Vorbereitungsraums für Speisen und Getränke. Diese Anlage erfüllt die Anforderungen mit einem großzügigen Plankendeck direkt vor Esszimmer und Küche. Eine Rollmarkise kann über einen Teil der Terrasse gezogen werden, mehrere Gitterelemente mit Kletterpflanzen und hohe Sträucher schließen die Fläche vom Wind ab. Der Grill ist gerade so weit entfernt, dass der Rauch nicht stört, Beleuchtung auf verschiedenen Ebenen schafft Stimmung am Abend.

Die Hauswand dient als stabile Fixierung der freitragenden Markise (nicht eingezeichnet). Dieses Modell hat keine Stützpfeiler, die nur Platz wegnehmen.

Beleuchtung von unten mit durchscheinenden Schirmen sorgt für blendfreies Licht an der Stufe zum Hauseingang.

Truhenbänke bieten Sitzplatz für drei bis vier Personen und unter den Scharnierdeckeln Stauraum für Grillgerät.

Beleuchtung von unten markiert den Niveauunterschied zwischen Terrasse und Garten.

Deckplanken in warmen Farben sind eingekerbt und damit rutschfest.

Aus dem Brunnen strahlt im Dunkeln das subtile Licht einer Unterwasserleuchte.

N

DESIGN-VORGABEN

- Design mit viel Platz für gemütliches Essen und Feiern im Freien und direktem Zugang zur Küche.
- Beleuchtung zur Sicherheit und als Stimmungselement am Abend.
- Einziehbare, wasserdichte Markise spendet Schatten und schützt vor Regengüssen.
- Windschutz für Gäste und Grill, damit der Rauch nicht verweht.

Grill und Platz für Speisenzubereitung etwas entfernt vom Esstisch in einer windgeschützten Ecke.

Kleiner Baum wird mit einem Strahler von unten beleuchtet, so dass die Gäste nicht geblendet werden.

Gitter mit Kletterpflanzen und hohen Sträuchern im Vordergrund als Windschutz.

UNTER SEGELTUCH

Schirme sorgen im Freien schnell für Schatten und sind sehr flexibel. Sie schützen allerdings nicht sehr gut vor Regen. Wenn Sie viel Zeit auf der Terrasse verbringen, sollten Sie eine Markise anbringen, die eine größere Fläche bedeckt und vor Regengüssen schützt. Eine feste, einziehbare Markise ist eine Lösung; wenn Ihnen dies zu unflexibel erscheint, versuchen Sie es mit einem frei stehenden Gartenpavillon mit Seitenwänden; diese sind sehr leicht, einfach aufzubauen und meist für Gras und für festen Boden geeignet.

▲ MARKISE
Eine einziehbare Markise kann an regnerischen oder sehr heißen Tagen ausgefahren werden und Wetterschutz oder Schatten bieten. Der Metallrahmen braucht wenig Standfläche und nimmt kaum Platz weg.

◄ SONNENSCHIRM
Sonnenschirme sind elegante und flexible Schattenspender, schützen aber kaum vor Regen, außer bei Windstille.

HINTERHOF WIRD INNENHOFGARTEN

NICHT ALLE HINTERHÖFE BIETEN reichlich offenen Boden, manche bestehen nur aus einer Beton-, Asphalt- oder festgestampften Schotterfläche. Wenn Sie wenig Arbeit und Geld investieren wollen, um die Versiegelung zu entfernen, können Sie trotzdem auf der vorhandenen Fläche einen zauberhaften Garten schaffen. In dieser Anlage sitzen die größeren Pflanzungen in Hochbeeten, zahlreiche Kübel bieten Platz für dauerhafte und wechselnde Bepflanzung. Eine Pergola sorgt für etwas Schatten und dient als Aufhängung für Ampeln. Ein Springbrunnen mit halbmondförmigem Becken an der Wand bringt Klang und Bewegung in die Anlage.

Ein Gitter wird als Gerüst für Kletterpflanzen wie die im Sommer cremeweiß blühende *Clematis* 'Henryi' über dem Hochbeet an die Wand montiert.

Mindestens ein Meter Bodentiefe ermöglicht die Pflanzung von Sträuchern und einem kleinen Baum, hier der rotblättrige Fächerahorn *Acer palmatum* 'Bloodgood'.

Hier konnte genügend Material ausgehoben werden, um die Fläche zum Fliesen einzuebnen; ansonsten hätte man Deckplanken oder eine Kiesschicht auf den vorhanden Boden aufbringen können.

Hochbeet aus Eichenholz mit eingebauter Bank. Beachten Sie die Lücke von 75 mm zwischen Wand und Hochbeet, um Luftzirkulation zu ermöglichen.

Verschiedene Behälter mit wechselnder oder dauerhafter Bepflanzung.

An der Wand installierter Brunnen fließt in halbrundes, mit Butyl ausgekleidetes Becken aus Mauerwerk.

Verschieden große Fliesen mit Natursteinoptik werden von kontrastierenden blaustreifigen Ziegeln eingefasst.

DESIGN-VORSCHLÄGE

- Umgestaltung eines Hinterhofs ohne jeglichen offenen Boden.
- Bewegtes Wasserelement einplanen.
- Reichlich Sitzplatz vorsehen.
- Pergola als vertikales Element und Schattenspender.
- Pflanzmöglichkeiten schaffen: Hochbeete für Sträucher und Bäume, Behälter für wechselnde Bepflanzung, Kübel für Kletterpflanzen.

Die Pfosten der Eichen-Pergola sind im Bodenbelag verankert, die Querbalken mit Platten oder Balkenaufhängern an der Grenzmauer befestigt.

Pflanzlöcher werden ausgehoben und mit Kompost oder gutem Oberboden gefüllt, um den Kletterpflanzen Halt für das Gitter zu bieten. Ampeln hängen an den Querbalken der Pergola.

▼
N

Stein- oder Holztröge bieten Platz für schattenverträgliche Kletterpflanzen.

Hochbeete aus Eichenbalken werden mit perforierter Plastikfolie ausgeschlagen und haben Dränagelöcher am Boden.

EINSATZ VON HOCHBEETEN

Hochbeete sind eine geschickte Lösung, wenn unzureichender Mutterboden vorhanden ist. Wenn Höhe und Breite richtig gewählt wurden, sind sie leicht zu pflegen, auch für Gärtner mit Bewegungseinschränkungen. Achten Sie auf gute Dränage, entweder durch Dränagelöcher am Boden oder direkt in den Untergrund; Hochbeete brauchen guten Mutterboden, wenn möglich durch organisches Material verbessert.

▲ HOLZBEETE
Verwenden Sie nur imprägniertes Holz für Hochbeete und legen Sie sie mit perforierter Plastikfolie aus, um die Dränage zu sichern und das Holz vor Fäulnis durch Feuchtigkeit zu schützen.

▼ BETONKONSTRUKTION
Beton ist ein vielseitiges Material; Hochbeete lassen sich aus fertigen Beton-Randsteinen aufbauen oder können vor Ort nach Ihren Wünschen in Holzformen gegossen werden.

ABGESCHIEDENE TERRASSE

EINE TERRASSE DIREKT NEBEN DEM HAUS ist in der Regel praktisch und angenehm. Es gibt allerdings Situationen, in denen eine Terrasse an einer abgeschiedenen Stelle, etwa am Ende des Gartens wegen ihrer ruhigen Lage vorzuziehen ist. Bei dieser Anlage werden mögliche Probleme wegen der Entfernung durch ein Sommerhaus mit eigenem Stromanschluss, Grill und Küchenschrank sowie robusten, wetterbeständigen Gartenmöbeln gelöst. Die Terrasse ist hinter Sträuchern und Kletterpflanzen vor den Blicken der Nachbarn geschützt, hölzerne Sichtschirme trennen sie vom restlichen Garten, bieten aber leichten Zugang.

Mit *Hedera helix* 'Goldheart' bewachsenes Gitter; nach außen wachsende Triebe werden gelegentlich zurückgeschnitten, damit der Sichtschutz dicht bleibt.

Das zweite Gitter steht versetzt, um die Terrasse vom restlichen Garten abzutrennen; ein Hochbeet dient als Grundlage für die Bepflanzung mit Kletterpflanzen.

Sommerhaus mit Holzschindeldach; Strom- und Wasseranschlüsse wurden von Fachleuten installiert.

Robuste, wetterbeständige Gartenmöbel können das ganze Jahr über draußen bleiben oder bei Bedarf über Winter im Sommerhaus gelagert werden.

Grill mit eingebauter Arbeitsfläche für die Zubereitung und Unterschrank für Küchengeräte und andere Ausrüstung.

DESIGN-VORSCHLÄGE

- Einen abgeschiedenen, vor Blicken geschützten Bereich schaffen.
- Braucht bei jedem Wetter sauberen Zugang vom Haus her.
- Mit robusten Möbeln ausstatten, die draußen bleiben können.
- Kombinierter Grill-, Ess- und Sitzplatz mit gefliestem Boden.

Raschelndes, hohes Gras als zusätzlicher Sichtschirm vor Gitter mit in Form geschnittenem Efeu (*Hedera helix* 'Green Ripple').

Der kleine Baum *Acer negundo* 'Flamingo' schützt die Terrasse vor den Blicken der Nachbarn.

Einfache, helle Bodenfliesen sind bei jedem Wetter begehbar und führen zurück zum Haus.

Statue als Blickpunkt vor dem Hintergrund eines Gitters mit Kletterrose und duftendem Pfeifenstrauch (*Philadelphus*).

N

GESCHICKTER SICHTSCHUTZ

Sichtschirme werden eingesetzt, um abgeschiedene Plätze zu schaffen, unerwünschte Anblicke zu verdecken oder um Sonne oder Wind abzuhalten. Steht das Gitter im Winkel von 45° zur Sichtlinie, erscheinen die Lücken zwischen den Latten kleiner, der Sichtschutz wirkt dichter. Pflanzen Sie eine Reihe Sträucher quer zur Sichtlinie, und führen Sie Wege um die Barriere herum.

◄ LEBENDER SICHTSCHUTZ
Das Laubdach von Bäumen ist ideal als Sichtschutz für einen Garten, der von oben eingesehen wird: Sie brauchen relativ wenig Platz am Boden, wenn sie zu viel Schatten werfen, hilft es, die unteren Äste zu entfernen.

▼ FESTER SICHTSCHIRM
Eine hohe, undurchsichtige Ziegel- oder Steinmauer ist zwar teuer, aber das sicherste Mittel, eine abgeschiedene Atmosphäre zu schaffen.

TERRASSE IM HANGGARTEN

UM EINEN HANGGARTEN NUTZBAR ZU MACHEN, müssen Sie ihn terrassieren und eine oder mehrere ebene Flächen für Ihre Zwecke schaffen – um Platz für eine Terrasse, Rasen und Beete zu haben. Dieser Garten, der sich vom Haus weg neigt, wird mit niedrigen Ziegelmauern gestützt, die als Teilkreise angelegt sind; wie bei einem Gewölbe sind gerundete Mauern stärker als gerade. Die mit Ziegeln eingefassten Beete, der halbrunde Teich, der von der darüber liegenden Stufe gespeist wird, und der gewundene Rindenweg, der zur höchsten Ebene des Gartens führt nehmen die Rundung wieder auf. Kleine Bäume und große Sträucher sind so platziert, dass sie den Blick unterbrechen und Ausblicke im Garten schaffen.

Rindenhäcksel auf einer Geotextilmembran bildet den gewundenen Weg bis zur höchsten Ebene des Gartens.

Ein ausladender kleiner Baum, *Malus floribunda*, unterbricht den Blick von der Terrasse her; er blüht im Frühjahr rosa und trägt später kleine, gelbe Holzäpfel.

In diesem winzigen Garten gibt es keinen Stauraum, daher sind unbedingt robuste, wetterbeständige Möbel wie Tisch und Stühle aus Teak erforderlich.

Holzkübel mit Kletterrosen und Waldrebe stehen vor einem Gitterelement, das die Grenzmauer verdeckt.

Stufen in der Stützmauer machen die einzelnen Ebenen zugänglich.

Der kleine Baum *Koelreuteria paniculata* schützt die Terrasse vor den Blicken der Nachbarn.

Der *Phormium tenax* 'Dazzler' betont die Niveauunterschiede.

DESIGN-VORSCHLÄGE

- Design verwandelt einen steilen Hang in einen geeigneten Platz für Beete und eine Terrasse neben dem Haus.
- Wasserfall einplanen.
- Pflanzungen anlegen, welche die Terrasse vor neugierigen Blicken schützen und im Garten neue Aussichtspunkte schaffen.
- Mit Wegen und Stufen Zugang von der Terrasse zum Garten schaffen.

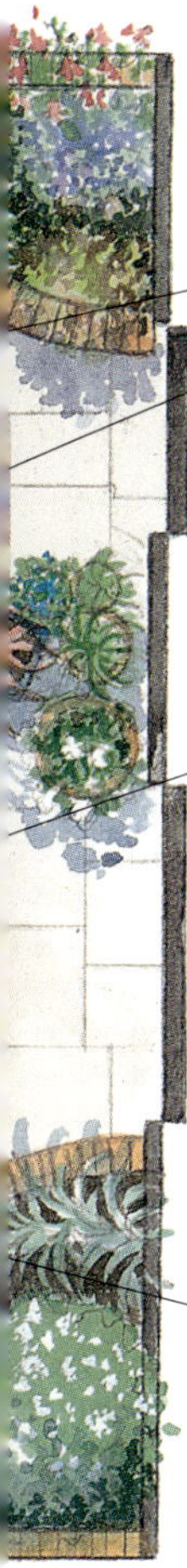

Unterschiedlich große, rechteckige Steinplatten als Bodenbelag; der Untergrund wurde ausgehoben, sodass die fertige Fläche 15 cm unter der Feuchtigkeitssperrschicht liegt.

Halbrunder Teich aus Ziegeln gemauert und mit Butyl ausgekleidet. Wasser fließt aus der Geländestufe darüber zu und wird mit einer Pumpe im geschlossenen Kreislauf gehalten.

Geländestufen unterbrechen die natürliche Dränage und belasten die Stützmauer zusätzlich. Deshalb ein leichtes Gefälle quer zur Fläche und ein Dränageloch zur nächst niederen Ebene; auf der untersten Ebene ist eine Schlitzdränung an eine Sickergrube angeschlossen.

Ebenerdige Beete mit gerundeter Ziegeleinfassung. Neben dem Haus keine Hochbeete anlegen, da sie die Feuchtigkeitssperrschicht unterbrechen.

STÜTZMAUERN

Wenn Sie einen Hanggarten terrassieren, legen Sie sozusagen riesige Stufen an (*siehe S. 51*). Um die senkrechte Seite der Stufen zu befestigen, brauchen Sie eine Stützmauer, sonst lösen sich die Stufen durch die Schwerkraft bald wieder in einen Hang auf. Bei sanften Hängen, wo das Gefälle nur 15–20 cm beträgt, reicht eine einfache Ziegelmauer oder eine Reihe von imprägnierten Balken, die senkrecht in die Erde getrieben werden. Ist das Gefälle deutlich höher, ist die Stärke und Stabilität der Wand von größter Bedeutung; gegebenenfalls sollten Sie einen Fachmann hinzuziehen.

▲ TERRASSIERT
Hier wurde durch Terrassierung eine ebene Fläche neben dem Haus geschaffen, die eine private Atmosphäre bietet; der niedrig liegende Sitzplatz ist nicht leicht einzusehen.

◄ AUSBLICK
Die beiden ebenen Flächen sind zwar gleich groß, der untere würde aber mit Möbeln bestückt zu eng wirken; die Terrasse auf dem oberen Platz bietet einen Ausblick über den ganzen Garten.

EINE ESSBARE TERRASSE

TRADITIONELL HABEN TERRASSENGÄRTEN vor allem Zierfunktion, und dementsprechend werden die Pflanzen ausgewählt. Das heißt aber nicht, dass sich nicht eine ebenso attraktive Anlage mit funktionelleren Pflanzen – Obst, Salat, Kräutern und Gemüse – schaffen ließe. Der geometrische Grundriss des Entwurfs, dessen Achse im Winkel von 45° zum Haus liegt, bietet Gelegenheit, einen Küchengarten anzulegen. Pfosten, Draht, Gitter und eine Pergola dienen als Gerüst für Erbsen und Bohnen, in Ampeln wachsen Monatserdbeeren und Hängetomaten. An Grenz- und Hausmauern gedeiht Fächer- oder Schnurspalierbaum-Obst, ein Apfelspalier dient als Sichtschutz. In verschiedenen Töpfen wachsen Erdbeeren und Kräuter.

Waschbetonplatten bilden den Terrassenboden, alle ebenerdigen Beete sind mit Terracotta-Fliesen eingefasst.

Ein Beet mit Himbeerranken bildet einen lebenden Sichtschutz, die Ranken werden mit Pfosten und Drähten aufgebunden; die Seitenpfosten des Tores dienen als feste Verankerung.

Tor als Gerüst für Kürbisse und Melonen.

Hochbeet aus terracottafarbenen Ziegeln mit 'Pink Fir Apple'-Kartoffeln, Möhren und Pastinaken.

Schnurbaum-Äpfel an einem Rahmen aus Pfosten und Draht umschließen die Terrasse; darunter sitzt Petersilie.

Rosmarin, Salbei, Thymian und Majoran wachsen in den Töpfen.

Rhabarber in einem eigenen Beet.

Erbsen an einem Gitter für Schnittblumen.

Erdbeerturm an einem sonnigen Platz.

Stachelbeerstrauch zwischen Blattsalaten.

Birnen-Palmette an der Wand.

DESIGN-VORSCHLÄGE

- Terrasse so anlegen, dass der begrenze Platz für attraktives, hochwertiges Gemüse und Küchenkräuter in Töpfen, Hochbeeten und im Boden voll ausgenutzt wird.
- Die Anlage mit Obstbäumen und Bodengestaltung strukturieren.
- Wasser-Recycling einplanen, etwa in Form von Regenwassertanks, die das Wasser vom Dach aufnehmen.

Pergola als Gerüst für Grüne Bohnen und Feuerbohnen.

Ampeln mit Hängetomaten und Monatserdbeeren.

Der kleine Holzapfelbaum *Malus* 'John Downie' trägt Früchte für Gelee und Kompott.

Säulenförmiger Apfelbaum *Malus* 'Ballerina'.

Töpfe mit Paprika und Auberginen.

Warmes, sonniges Beet mit Zwiebeln, Freilandtomaten und Fenchel.

Wasserbehälter sammeln das Regenwasser vom Dach.

EIN FESTESSEN AUS DEM BLUMENKASTEN

Es lohnt sich, das warme, geschützte Klima einer Terrasse auszunutzen, um leckeres Obst und Gemüse anzubauen. Viele Kräuter, Blattsalate und Gemüse können in Gefäßen gezogen werden, wenn sie gut gedüngt und gegossen werden; besonders produktiv sind bei diesem Anbau Schnittsalate wie Feldsalat oder Endivie, eventuell mit rotem Blattsalat oder goldenem Portulak als Kontrast.

◀ IM FREIEN
In diesem ordentlichen, formellen Gemüsegarten wachsen zwischen Stangenbohnen (an Pyramiden) verschiedene Salate, die nacheinander ausgesät und den ganzen Sommer über geerntet werden.

▼ PAPRIKA IM TOPF
Paprika und Auberginen gedeihen in Töpfen mit gutem Substrat an warmen, sonnigen Plätzen wie auf der Terrasse; ihre bunten, glänzenden Früchte sind dekorativ, vitaminreich und sehr lecker.

Ein Dschungel in der Stadt

Die Vorstellung von Innenhöfen als Rückzugsgebiete für die Natur – und für den Besitzer – ist sehr modern. Diese Anlage ist entsprechend informell und enthält auffällige, aber pflegeleichte Pflanzen, die vor allem mit ihren Pollen, Samen und Früchten Tiere anziehen sollen. Ein Teich ohne Fische eignet sich für Wasserinsekten und Amphibien; Vögel, Schmetterlinge und Insekten finden reichlich Deckung. Die umgebenden Wände sind mit Gittern verdeckt, hinter denen Platz für Nester und Rückzugsecken ist. Passend zur Stimmung des Gartens ist die Einrichtung unauffällig und fügt sich harmonisch ein.

Die graublättrige *Buddleja fallowiana* hat im Spätsommer lavendelblaue Blütenähren, die Schmetterlinge anlocken.

Nistkästen sind an einem Gitter im Schatten angebracht.

Die Kätzchen der Zwergweide *Salix hastata* 'Wehrhahnii' bieten im zeitigen Frühjahr den ersten Hummeln Nahrung.

Das Gerüst für Kletterpflanzen ist ein Stück vor der Wand angebracht, um Deckung und Nistplätze für Vögel zu schaffen; hier wachsen Waldrebe, Passionsblumen, *Akebia quinata* und Efeu (*Hedera helix*) als späte Futterquelle für Nutzinsekten.

Ruhige Bank zur Naturbeobachtung.

Die meisten Wasserlebewesen bevorzugen stehendes Wasser; im Teich wachsen Sauerstoff bildende Pflanzen, Seerosen bieten Fröschen, Kröten und Kaulquappen Schatten und Deckung.

Alte Bahnschwellen als »Trittsteine« auf einem Weg aus Rindenhäcksel auf Geotextil.

Teich mit flachem Rand mit leicht abfallendem Kiesufer, so dass Amphibien ins Wasser gelangen und Vögel baden können; Felsblöcke bieten kühlen Schatten und Schutz.

Die dichte *Hydrangea petiolaris* an der Wand bietet Nistplätze für Vögel.

DESIGN-VORSCHLÄGE

- Einen informellen Innenhof mit dschungelähnlichen, üppigen Pflanzen gestalten, die leicht zu pflegen sind.
- Optisch attraktive Nahrungs- und Schutzpflanzen für Vögel und Insekten einplanen.
- Die meisten Wasserlebewesen brauchen eine ruhige Wasserfläche.
- Einen abgeschiedenen Sitzplatz als Beobachtungsposten einrichten.

Die Stechpalme *Ilex aquifolium* 'J.C. van Tol' ist selbstbefruchtend und trägt im Winter leuchtend rote Beeren.

Die violetten, nektarreichen Blüten von *Salvia nemorosa* bieten von Hochsommer bis Herbst Bienen und Schmetterlingen Nahrung.

Gräser, Bambus, Astilben und *Alchemilla mollis* als Deckung für Amphibien.

Vogelfutterplatz kann auch vom Haus aus beobachtet werden.

Alte, gedeckt rote Ziegel im Fischgrätmuster.

Der Beeren tragende *Cotoneaster horizontalis* und *Pyracantha* 'Orange Glow' wachsen an der Mauer.

ANZIEHUNGSPUNKT FÜR TIERE

Auch in einem Stadtgarten können viele Tiere leben, wenn dort die richtigen Pflanzen wachsen. Dazu gehören Nahrungsquellen wie Beeren und Samen für Vögel und nektarreiche Blüten für Insekten, aber auch Pflanzen als Deckung und für Nistplätze. Eine Wasserfläche für Amphibien wie Frösche, Molche und Kröten muss über einen seichten Rand mit schützender Bepflanzung zugänglich sein.

SCHMETTERLINGSSTRAUCH
Die meisten Buddlejas blühen im Spätsommer, wie diese Buddleja davidii *'Royal Red' und sind für Schmetterlinge eine unwiderstehlich reiche Nektarquelle.*

BIENENWEIDE
Die Blüten des im Spätsommer blühenden Hibiscus syriacus *'Red Heart' sind so geformt, dass sie Schmetterlinge und Bienen zur Bestäubung anlocken.*

NEKTAR IM HERBST
Die im Herbst blühenden Fetthennen wie Sedum *'Autumn Joy' sind mit Nektar suchenden Schmetterlingen, Bienen und Schwebfliegen bedeckt.*

KATZENMINZE
Katzenminze, wie diese Nepeta sibirica, *gehört zur Familie der Taubnessel; im Sommer sind ihre Blüten ein wahrer Magnet für Bienen.*

PLANUNGS-TECHNIKEN

VERMESSUNG UND VORBEREITUNG

BEVOR SIE MIT HILFE IHRES WUNSCHZETTELS daran gehen, einen Entwurf auszuarbeiten, müssen Sie Ihr Gelände gründlich und genau vermessen und die Maße aufzeichnen. Es macht Spaß, mit der Anordnung von Formen und Flächen zu experimentieren, bis Sie eine gefällige Variante gefunden haben. Aber es gehören noch andere Überlegungen praktischer wie ästhetischer Art dazu, bevor der Entwurf erfolgreich umgesetzt werden kann.

DER ERSTE ÜBERBLICK

Neben den offensichtlichen Eigenheiten Ihres Gartens – Grenzen, Bäume, Kanaldeckel und funktionelle Einrichtungen – wirken sich auch andere Faktoren auf Ihren Entwurf aus. Sonnen- und Schattenflächen, trockene und feuchte Zonen sind nicht statisch; sie verändern sich im Laufe des Tages und des Jahres. An einem windigen Tag können Sie die zugigen Stellen entdecken. Achten Sie auf Vertiefungen, die eventuell frostgefährdet sind. Ein Bodentest mit pH-Wert-Messung sagt Ihnen, welche Pflanzen dort wachsen.

Die Aussicht aus dem Garten und die Möglichkeiten ihn einzusehen bestimmen, ob und wo Sie einen Sichtschutz anbringen sollten.

LICHT UND SCHATTEN *Wenn Sie den Standort und die Maße einer Pergola festlegen, bedenken Sie, wie sich Lichteinfall und Schattenflächen im Lauf des Tages verändern. Wenn Sie den Platz vor allem zum Entspannen nach Feierabend nutzen wollen, sollte er vor dem direkten Einfall der tief stehenden Abendsonne geschützt sein.*

◄ VON WEITEM *Ein Zick-Zack-Weg führt zu einem Sonnendeck mit Aussicht über den Garten.*

AUSMESSEN

DAS GRUNDSTÜCK GENAU AUSZUMESSEN und den Plan maßstabsgerecht aufzuzeichnen, braucht etwas Zeit, ist aber wichtig, damit Ihr Entwurf funktioniert und sich leicht umsetzten lässt. Sie sollten einen Grundriss des Gartens anfertigen (*siehe S. 53*), in dem die praktischen und ästhetischen Möglichkeiten und Grenzen des Grundstücks erkennbar sind, eine Zeichnung Ihres Entwurfs (*siehe S. 54*) und einen Bauplan (*siehe S. 55*), der auf das Grundstück übertragen wird.

DER REIHE NACH

Zum Ausmessen brauchen Sie Papier, Stift, Klemmbrett und ein 30-m-Maßband, dessen Ende sich an bestimmten Punkten einhängen lässt. Zeichnen Sie eine großzügige Skizze Ihres Gartens mit dem Haus, Nebengebäuden und Grenzen, damit Sie ein Muster haben, in das Sie die Maße eintragen.

RICHTIGES WERKZEUG
Ein mit Plastik überzogenes Maßband ist wasserfest und dehnt sich beim Messen nicht. Bei Hanggrundstücken brauchen Sie eine Wasserwaage.

MASS NEHMEN

Der Ausgangspunkt Ihrer Vermessung muss ein fester Punkt sein, in den meisten Fällen die Hauswand. Zeichnen Sie die Maße der Wand ein, auch die Türen und Fenster. Dann messen Sie die Grenzen aus und zeichnen sie ein, wobei Sie erst die Eckpunkte festlegen (*siehe S. 51*). Sind Haus und Grenzen eingezeichnet, messen Sie andere feste Punkte wie Bäume und Kanaldeckel aus. Messen Sie nach Möglichkeit bis zum Mittelpunkt von Bäumen und Sträuchern, und zeichnen Sie auch ihre Breite ein.

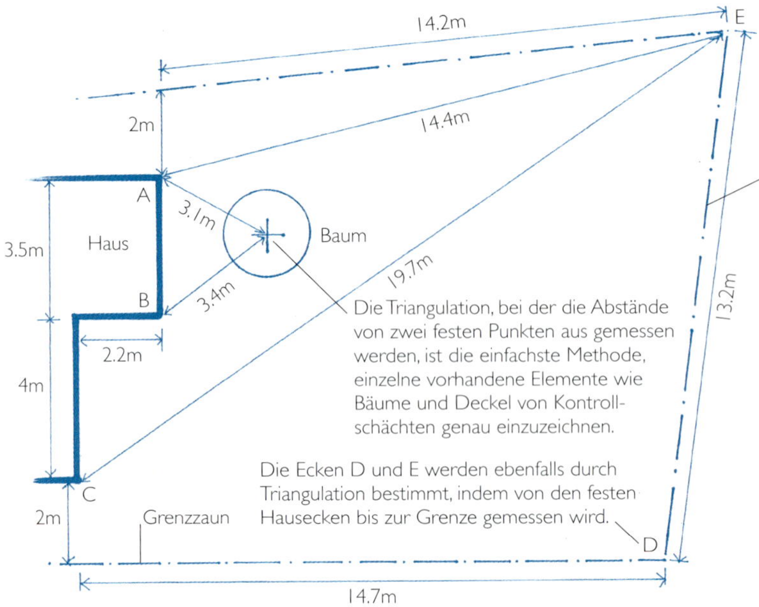

Der Abstand zwischen D und E wird ausgemessen, um zu kontrollieren, ob die Eckpunkte richtig eingezeichnet sind.

ERSTE SKIZZE
Hier dienen die Hauswände als Grundlinien für die Vermessung. Sie sind fest, gerade und haben rechtwinklige Ecken. Wenn die Form des Gartens schlecht von den Hauswänden aus zu messen ist, suchen Sie eine andere gerade Mauer oder einen Zaun als Grundlinie.

Punkte festlegen

Die so genannte Triangulation ist die Grundlage jeder Vermessung. Mit dieser Methode wird ein Punkt leicht und genau festgelegt, indem er von den beiden Enden einer Grundlinie von bekannter Länge aus eingemessen wird. Die Maße des so entstehenden Dreiecks sind genau und unveränderlich, daher lässt es sich mit Lineal und Zirkel genau auf den Plan übertragen.

Ihre Skizze dient als Quelle für die Maße, die Sie für Ihre detaillierteren Pläne verwenden (*siehe S. 53, 54, 55*). Achten Sie darauf, dass Sie zu jedem Objekt in der Skizze zwei genaue Messungen von zwei festen Punkten aus haben – in diesem Fall von den Enden der Hauswand, die als Grundlinie dient.

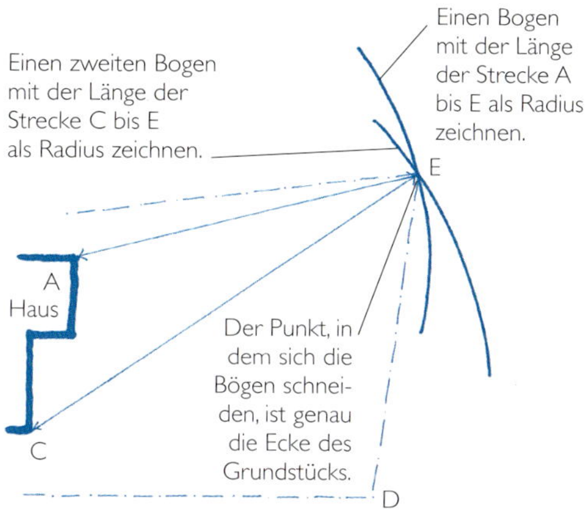

GRUNDSTÜCKSECKE EINZEICHNEN
Zeichnen Sie mit dem Zirkel zwei Bögen mit jeweils dem Abstand von einer Hausecke als Radius (hier A–E und C–E). Der Punkt, in dem die Bögen sich schneiden, ist die Ecke des Grundstücks.

Arbeit am Hang

Sehr flache Hänge lassen sich in den meisten Gärten einplanen, ohne dass größere Veränderungen oder aufwendige Erdarbeiten nötig wären. Steile Hänge hingegen machen die Anlage einer Terrasse eventuell unmöglich, ohne Geländestufen einzuziehen.

Große Mengen Erde und Wasser üben einen immensen Druck aus; Hänge, die Stützmauern von mehr als 65 cm Höhe brauchen, müssen tiefe Fundamente und Verstärkungen haben. Oft verlangen die Bauvorschriften eine Ausführung durch Fachleute.

TERRASSIEREN
Der Hang wird zu Stufen geformt und die Erde von Mauern gestützt. Mit der überschüssigen Erde wird der Raum hinter der Stützwand aufgefüllt; diese Methode nennt man Anschnitt und Auftrag.

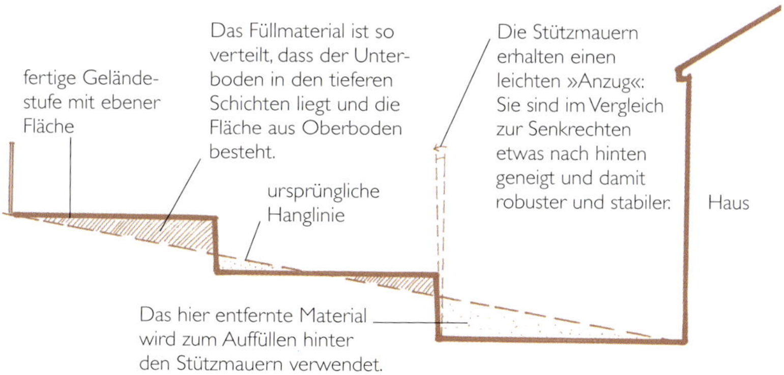

FACHLEUTE EINSCHALTEN

- Wenn Sie terrassieren wollen, fragen Sie bei der örtlichen Baubehörde nach den Sicherheitsvorschriften.
- Persönliche Empfehlung ist der beste Weg, eine zuverlässige Baufirma zu finden. Evtl. auch in Ihrem Garten- oder Baumarkt nachfragen.
- Lassen Sie sich fertige Anlagen zeigen; Vergleichen Sie mehrere Angebote, und achten Sie auf Garantien und Versicherungsschutz.
- Schließen Sie einen schriftlichen Vertrag, in dem Art der Arbeit, Terminplan und Zahlungsbedingungen festgehalten sind.

DAS GRUNDSTÜCK BEWERTEN

BEI DER BEWERTUNG DES GRUNDSTÜCKS sollen alle Faktoren erfasst werden, die den endgültigen Entwurf der Terrasse oder des Innenhofs – positiv oder negativ – beeinflussen können. Sie werden auf einem Grundriss zur Vorbereitung des Entwurfs eingezeichnet, damit nichts übersehen wird. In der unmittelbaren Umgebung des Hauses muss man am ehesten mit funktionellen Elementen rechnen, deshalb muss diese Zone besonders sorgfältig untersucht werden.

PRAKTISCHE ÜBERLEGUNGEN

Stellen Sie fest, wo unterirdische Leitungen für Strom, Gas, Wasser und Abwasser sowie externe Ölzuleitungen sind. Das ist wichtig, damit sie nicht beschädigt werden oder nach der Umgestaltung nicht mehr zugänglich sind. Öffnen Sie die Deckel von Kontrollschächten, um die Tiefe der Leitungen festzustellen; sie verlaufen in der Regel gerade und sind an Verbindungsstellen zugänglich. Sie können einen elektronischen Detektor mieten, der Strom führende Kabel lokalisiert. Gasleitungen gelangen oft über der Erde an gut sichtbaren Stellen ins Haus.

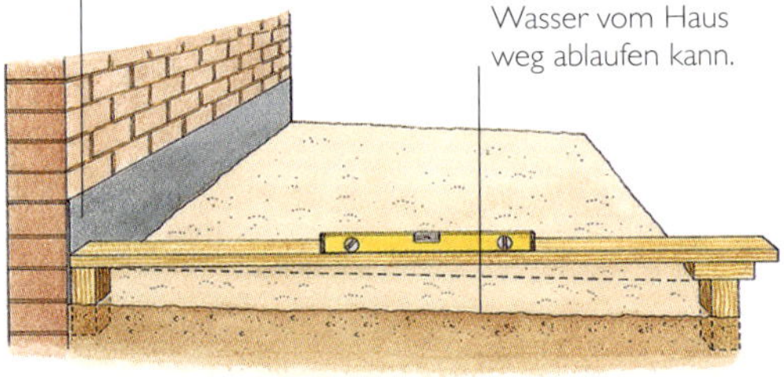

FEUCHTIGKEIT UND DRÄNAGEGEFÄLLE
Eine Fläche an der Hauswand muss 15 cm unter der Feuchtigkeitssperrschicht liegen, die meist als schwarze Plastiklinie in einer Mörtelfuge zu erkennen ist.

ÄSTHETISCHE ÜBERLEGUNGEN

Stellen Sie fest, welche Ausblicke Sie erhalten, welche Sie lieber verdecken möchten und ob diese vom ganzen Garten oder nur von bestimmten Stellen aus zu sehen sind.

Denken Sie an ortsübliches Material – Stein, Feuerstein oder Ziegel – und beachten Sie Elemente, die zur Umgebung passen.

DIE LANDSCHAFT EINPLANEN
Die »geliehene« Landschaft ist ein alter Trick, der sich immer wieder bewährt hat; bereits vorhandene Pflanzen dienen hier als Rahmen.

HARMONISCHE VERBINDUNG
Hier verbinden sich Pflanzgefäße, Möbel und Bodenbelag zu einem nostalgischen Ensemble, das zur alten, braunen Ziegelwand passt.

DEN GRUNDRISS ZEICHNEN

Ein Grundriss ist ein Plan des Gartens, den Sie auf der Grundlage Ihrer Mess-Skizze zeichnen (*siehe S. 54*) und mit den Faktoren versehen, die sich auf den Entwurf auswirken könnten. Grenzen, Bäume und Leitungen müssen Sie natürlich einzeichnen. Ebenso wichtig sind aber auch Faktoren, wie z. B. welche Flächen zu welcher Jahreszeit in der Sonne oder im Schatten liegen. Vielleicht müssen Sie die Wirkung eines Windkanals abschwächen, der nicht unbedingt in der Hauptwindrichtung liegt. Eine Frostecke ist ein schlechter Platz für einen Teich und nur für winterharte Pflanzen geeignet. Und der Bodentyp hat Einfluss auf die Pflanzenauswahl – Azaleen und Rhododendren brauchen z.B. sauren Boden.

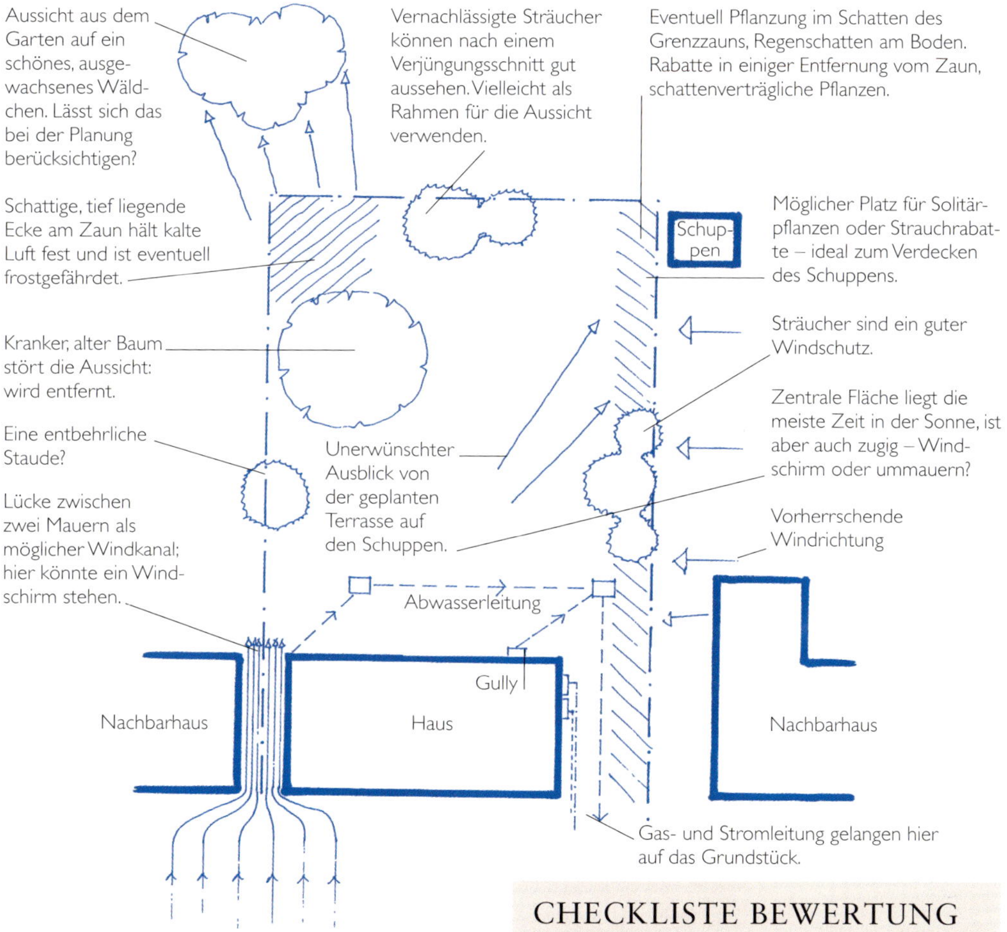

AUSFÜHRLICHE BEWERTUNG

Ein Grundriss erleichtert es festzustellen, welche Zonen des Gartens sich für die verschiedenen Punkte Ihres Wunschzettels am besten eignen. Er zeigt auch, welche Stellen verändert werden müssen. Anmerkungen können auch Fragen sein, etwa welche vorhandenen Pflanzen stehen bleiben sollen und warum.

CHECKLISTE BEWERTUNG

- Achten Sie auf Sonnen- und Schattenflächen und ihre Veränderung im Lauf der Zeit.
- Stellen Sie Vertiefungen fest, die frostanfällig sein können.
- Berücksichtigen Sie mögliche Windkanal-Effekte und die Hauptwindrichtung.
- Analysieren Sie den Boden – sauer oder alkalisch? Schwerer Ton oder leichter Sand?

Entwurf und Umsetzung

Eine Zeichnung Ihres Gartens ist wichtig für den Grundriss (*siehe S. 53*), zum Zeichnen des Entwurfs und zur Umsetzung im Garten, wenn Sie mit der eigentlichen Arbeit beginnen. Für die meisten Gärten ist der Maßstab 2 cm zu 1 m in der Natur (1:50) genau richtig. Nehmen Sie jeweils das längste Maß in der Länge und der Breite, und stellen Sie fest, ob sie im gewählten Maßstab auf das Papier passen. Sonst einfach den Maßstab auf 1 cm zu 1 m (1:100) reduzieren.

Den Plan zeichnen

Übertragen Sie die ausgemessenen Längen mit dem Bleistift auf Millimeterpapier oder mit Hilfe eines Maßstab-Lineals auf weißes Papier. Wenn Sie sicher sind, dass Sie alles eingetragen haben, markieren Sie feste Objekte wie Hauswände, Grenzen und Kanaldeckel mit Filzstift. Damit haben Sie Ihren Grundriss. Zum Zeichnen des Entwurfs legen Sie Pergamentpapier darauf und übernehmen nur die wichtigsten Elemente, damit Sie Platz zum Zeichnen haben. Sie können den Grundriss auch kopieren und Entwürfe direkt auf die Kopien zeichnen, um sie zu vergleichen.

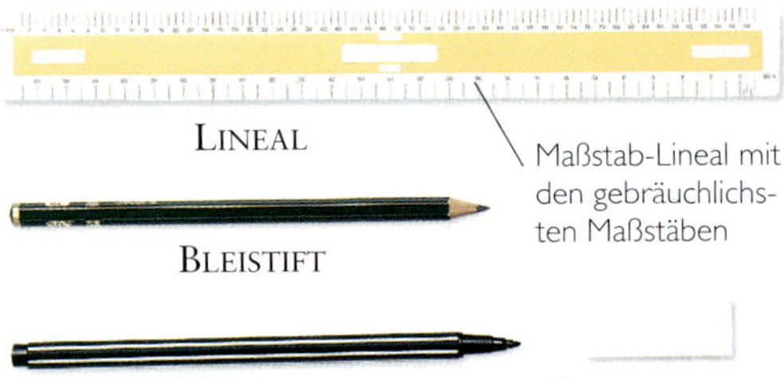

ZEICHENWERKZEUG
Ein Maßstab-Lineal ist nützlich, wenn Sie auf weißem Papier zeichnen. Mit dem Filzstift feststehende Objekte einzeichnen, etwa die Grundstücksgrenze und Hauswände.

Auf Millimeterpapier lässt sich der Entwurf am leichtesten zeichnen. Hier entspricht jedes große Quadrat einem Meter, jedes kleine Quadrat 0,1 m bzw. 10 cm; der Maßstab ist 1:100.

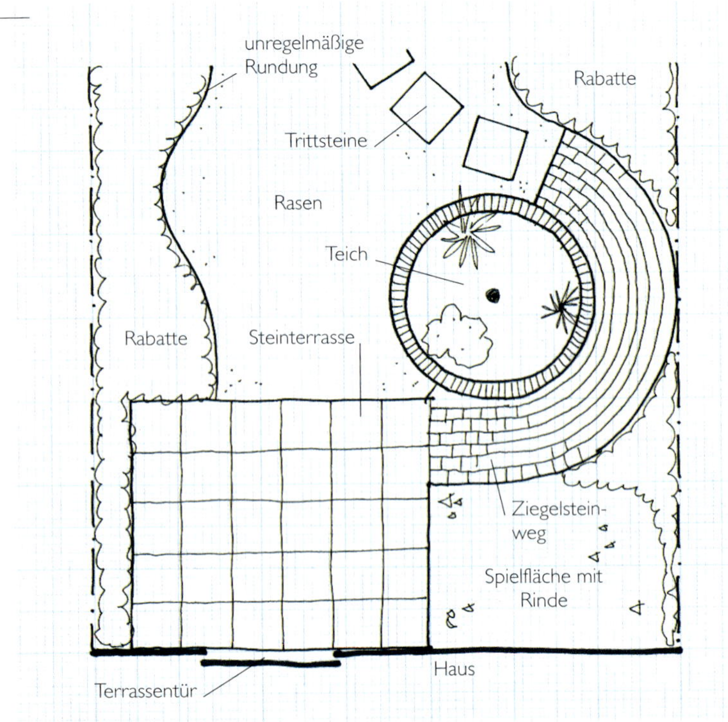

ENTWURF AUF DEM PAPIER
Bei diesem Maßstab sollten Sie Einzelheiten wie Pflanzensorten oder die genaue Anordnung des Bodenbelags auslassen. Konzentrieren Sie sich auf die Grundformen von befestigten Flächen, Beeten, Wasserelementen und die Lage von wichtigen Pflanzen wie kleinen Bäumen und Solitärsträuchern.

Nützliches Zeichengerät

Sie benötigen aber keine volle Zeichenausrüstung, ein Zeichenwinkel und ein Zirkel sind aber auf jeden Fall ihr Geld wert. Den Winkel brauchen Sie zum Zeichnen von rechten Winkeln, wie sie in formellen Gärten oft vorkommen. Außerdem können Sie damit Entfernungen, die im rechten Winkel zur Grundlinie gemessen wurden, einzeichnen. Wenn Sie einmal versucht haben, einen Kreis mit der Hand zu zeichnen, wissen Sie, warum Sie einen Zirkel brauchen.

DREIECKE
Mit dem Dreieck werden rechte Winkel und Diagonalen gezeichnet.

ZIRKEL
Ein Zirkel ist unentbehrlich zum Zeichnen von Kreisen.

Den Entwurf auf den Garten übertragen

Mit dem Bauplan, in dem alle nötigen Maße eingezeichnet sind, markieren Sie die Position der verschiedenen Elemente auf dem Boden. Für gerade Linien verwenden Sie Rohre, Stangen oder Schnüre, für gebogene Sand oder Markierungsspray (*siehe S. 56*). Achten Sie darauf, dass die markierten Punkte im rechten Winkel zur Grundlinie liegen (*siehe S. 57*), die Wege breit genug sind, ausreichend Platz für Tische und Stühle und ein guter Zugang zu verschiedenen Bereichen des Gartens vorhanden ist. Kontrollieren Sie noch einmal, ob unansehnliche Objekte wirklich verdeckt werden.

BAUPLAN
Auf einer einfachen Umrisszeichnung Ihres Entwurfs werden alle nötigen Abstände eingetragen. Die Maße mit dem Maßstab-Lineal eintragen oder an den Kästchen auf Millimeterpapier abzählen. Zeichnen Sie die Maße immer im rechten Winkel zu einer festen Grundlinie wie Zaun oder Hauswand ein.

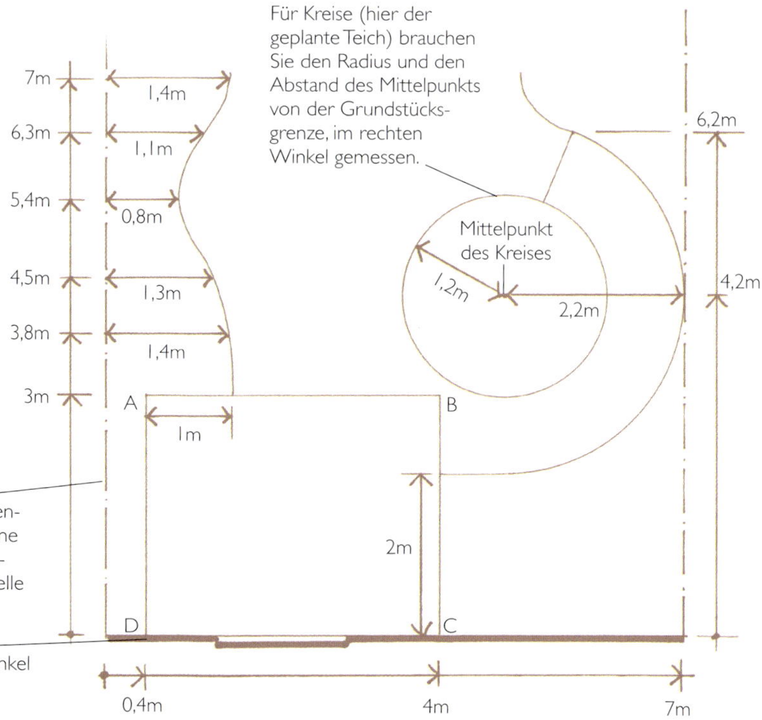

KURVEN UND KREISE ANLEGEN

Sie können Kurven und Kreise im Garten ganz leicht mit einer Art Riesenzirkel anlegen. Schlagen Sie im Mittelpunkt des Kreises einen Pflock ein und legen Sie ein Stück Schnur darum, das so lang ist wie der gewünschte Radius. Binden Sie einen spitzen Stock an das andere Ende. Mit dem Stock an der straff gespannten Schnur zeichnen Sie den Kreis auf den Boden.

RUNDUNGEN AUS KREISEN
Jede Rundung ist ein Kreissegment – je weiter die Rundung, desto größer der Kreis, zu dem sie gehört. Eine weite, mehrfach gewundene Rundung zeichnen Sie, indem Sie mehrere Kreise kombinieren.

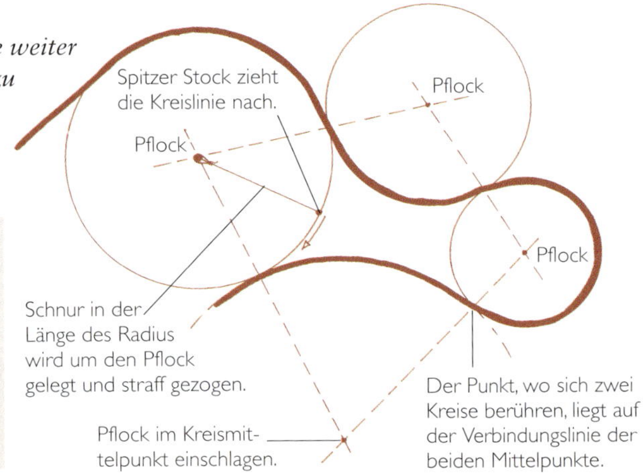

SANFTE KURVEN

Weite Kurven sind für das Auge angenehmer als enge, die unruhig wirken. Weite Rundungen sind zudem leichter anzulegen und am Rasenrand leichter zu mähen.

RUNDUNGEN AUF DEM BODEN MARKIEREN

In manchen Fällen ist ein spitzer Stock nicht das richtige Werkzeug zum Markieren von Kreisen, etwa bei zu hartem Boden oder bei zu krümeligen, in dem die Linie nicht lange zu sehen ist. Dann können Sie Sand oder auf hartem Boden auch Markierungsspray verwenden.

▶ NÄGEL
Ein spitzer Nagel eignet sich zum Anzeichnen von Kreislinien auf festem Boden, bei krümeliger Erde weniger gut.

▶ SAND
Heller Sand lässt sich zur Markierung auf lockerem, weichem Boden wie bepflanzten Beeten verwenden.

PRAKTISCHE ÜBERLEGUNGEN BEI RUNDUNGEN

Wenn Sie Rundungen planen, überlegen Sie, mit welchem harten Material Sie sie gestalten wollen. Große Fliesen müssten geschnitten werden, damit sie in Rundungen passen; je enger die Rundung, desto aufwendiger das Schneiden. Kleinere Elemente lassen sich viel leichter in Rundungen einpassen.

QUADRATISCHER PFLOCK IM RUNDEN LOCH
Die kurzen Seiten kleiner Fliesen passen leicht in einen Bogen; die langen Seiten liegen auf dem Radius; die kleinen Lücken mit Mörtel ausgleichen.

Rechte Winkel konstruieren

Beim Anzeichnen im Gelände müssen Sie genaue rechte Winkel konstruieren, damit Sie Ihre Markierungspunkte von der Grundlinie aus korrekt einmessen oder gerade Ränder für frei stehende Elemente wie einen formellen Teich anzeichnen können. Hierbei helfen Ihnen Grundkenntnisse in Geometrie. Jedes Dreieck, dessen Seiten im Verhältnis 3:4:5 zu einander stehen (etwa 90:120:150 cm) hat gegenüber der längsten Seite einen rechten Winkel.

ALLES IM LOT
Das 3:4:5-Dreieck ist ein einfaches, aber nützliches Hilfsmittel zum Konstruieren rechter Winkel.

Rechte Winkel auf dem Boden

Wenn Sie die Sache mit dem rechtwinkligen Dreieck verstanden haben, stellen Sie fest, dass Ihr Anschlagwinkel viel zu klein ist, um im Garten damit mehr als allerkürzeste Abstände zur Grundline auszumessen. Es gibt jedoch ein paar einfache Tricks, mit denen Sie den rechten Winkel auf den richtigen Abstand verlängern können.

Bei relativ kleinen Abständen ist die einfachste Technik, eine Latte an den Winkel anzulegen und an ihr entlang zu messen. Bei größeren Abständen schlagen Sie auf der Grundlinie an der Ecke des Anschlagwinkels eine Pflock mit einem Stück Schnur ein, die Sie genau an den Kanten des Winkels ausrichten.

▶ DEN RECHTEN WINKEL VERLÄNGERN
Um einen Punkt im rechten Winkel von der Grundlinie auszumessen, der weiter weg liegt als die Länge des Anschlagwinkels, legen Sie ein gerades Stück Holz am Winkel an.

▼ RECHTECKE ANZEICHNEN
Ein Anschlagwinkel dient auch dazu festzustellen, ob die Ecken eines Quadrats oder Rechtecks genau rechtwinklig sind; wenn ja, sind auch die Diagonalen von einer Ecke zur anderen gleich lang.

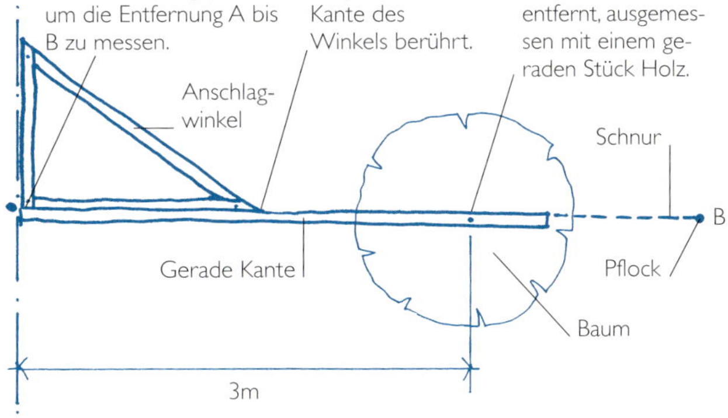

BANDMASS

In manchen Situationen ist ein festes Maß zu unhandlich. Dann brauchen Sie einen Helfer. Legen Sie ein Maßband auf die Grundlinie und messen Sie 3 m ab. Falten Sie das Band zu einem Dreieck, bei dem die nächste Seite 4 m und die dritte Seite 5 m lang ist. Ziehen Sie das Dreieck straff und Sie haben ein 3:4:5-Dreieck mit einem rechten Winkel auf der Grundlinie.

MATERIAL AUSWÄHLEN

BEI DER AUSWAHL DES MATERIALS für Wege und Bodenbeläge und bei der Entscheidung für eine Verlegungstechnik müssen die Nutzung der Flächen, ihr Aussehen und die Kosten berücksichtigt werden. In der Regel müssen stark beanspruchte Bodenbeläge sehr starr sein und auf einen stabilen Untergrund verlegt werden. Harte Bodenbeläge bestehen aus Stein, Ziegel oder Beton, aber auch aus robustem Holz in Form von Deckplanken.

GROSSE FLIESEN

Natursteinplatten sind im Vergleich zu anderem Material eher teuer, aber auch sehr dekorativ, besonders, wenn sie älter werden. Quadratische oder rechteckige Platten sind in verschiedenen Größen und mit glatter oder rissiger, stark strukturierter Oberfläche erhältlich. Betonplatten sind in vielen Farben, Größen und Strukturen erhältlich. Manche sind sehr modern mit klaren, scharfen Kanten, andere sind aus Natursteinzuschlag gegossen. Die sind eine gute Alternative zu echtem Naturstein, preiswerter und oft leichter zu verlegen.

MENGEN SCHÄTZEN

- In einem guten Baumarkt wird man Sie bei der Menge der Platten beraten; Sie müssen allerdings genau angeben, wie groß die Fläche ist. Um eine regelmäßige Fläche zu berechnen, multiplizieren Sie die Länge mit der Breite.
- Um eine unregelmäßige Fläche zu berechnen, zeichnen Sie sie auf Millimeterpapier, wobei ein Kästchen einem Quadratmeter entspricht (oder verwenden Sie Ihren gezeichneten Plan, *siehe S. 54*). Zählen Sie alle Kästchen und die, die zu mehr als einem Drittel dazugehören. So erhalten Sie einen realistischen Schätzwert.

◀ NATURSTEIN
Die Größenunterschiede der Platten ergeben ein schönes Muster, das Verlegen erfordert allerdings etwas Geschick.

▶ GUSSSTEIN
Gleichmäßig große Steinplatten sind leicht zu verlegen. Mit der Zeit sind sie kaum noch von echtem Stein zu unterscheiden.

PLATTEN FEST VERLEGEN

Auf Flächen, die stark beansprucht werden, muss hartes Material wie Steinplatten auf einen festen Untergrund verlegt werden, damit die Fläche eben und stabil bleibt. Die Vorbereitung des Untergrunds und das Verlegen der Platten ist Schwerarbeit und erfordert einige Zeit. Beauftragen Sie bei Bedarf einen Fachmann.

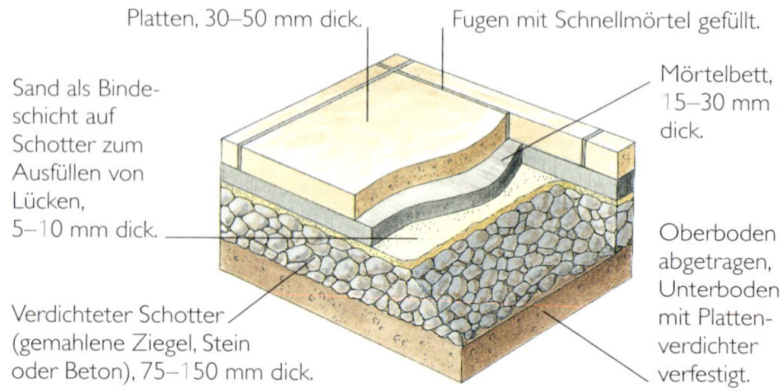

Kleine Fliesen

Ziegel sind sehr guter Bodenbelag, wenn sie frostbeständig sind. Manche harten, gut gebrannten Ziegel für tragende Teile eignen sich als Bodenbelag, viele andere, weichere, sind ungeeignet – sie blättern ab und splittern bei Frost, wenn sie im Boden liegen. Bodenfliesen gibt es in vielen Formen und Größen; sie ergeben eine ebene Fläche für Terrassen oder Wege. Pflastersteine sind leicht gerundet und eignen sich eher für Wege und Einfassungen. Kopfsteine sind etwa so groß wie Pflastersteine, aber noch runder und auch nur für Einfassungen oder Füllflächen zu verwenden.

◀ ZIEGELFLIESEN
Ziegelfliesen bestehen aus traditionell geformtem Lehm oder aus Gussbeton; manche wirken wie alte Ziegel.

▶ PFLASTERSTEINE
Pflastersteine sind kleine, äußerst robuste Steinwürfel, meist aus Granit oder Sandstein. Sie sind zwar teuer, halten aber buchstäblich ewig.

BODENFLIESEN SCHNEIDEN

Beim Schneiden von Fliesen sollten Sie eine Schutzbrille tragen. Legen Sie die Fliese auf eine feste, ebene Fläche, und kerben Sie sie an der Schnittlinie mit Stechbeitel und Hammer ein. (Wenn Sie die Fliese auf ein schmales Stück Holz legen und die Kerbe an der Holzkante ausrichten, bricht sie glatt auseinander.) Setzen Sie die Schneide des Beitels in die Kerbe, und schlagen Sie mit dem Hammer auf das andere Ende, bis die Fliese bricht.

Holzdecks

Holz in Form von Deckplanken ist ein angenehmes Material. Beim Bau von Holzdecks ist es wichtig, robustes Hartholz (aus nachhaltiger Forstwirtschaft) oder druckimprägniertes Weichholz zu wählen. Spezielle Deckplanken haben eine gekerbte und daher rutschfeste Oberfläche. Holzdecks werden auf Betonblöcken verlegt, so dass sie nicht direkt auf dem Boden liegen und die Luft darunter zirkulieren kann.

HOLZDECK
Deckplanken sollten im Abstand von 5–7 mm verlegt werden, damit sie sich dehnen können. Holz schwillt an, wenn es nass ist, und ohne Dehnungsfuge verzieht es sich und löst sich aus der Verankerung.

HOLZPFLEGE

- Holzflächen müssen regelmäßig gewartet und beschädigte Planken ersetzt werden.
- Die Flächen regelmäßig mit einem festen Besen und Sand fegen damit sich keine Algen bilden. Wenn Sie Chemikalien verwenden, achten Sie darauf, dass sie Ihre Pflanzen nicht schädigen.

Loses Material

Loses Material kann flexibler verlegt werden als fester Bodenbelag und eignet sich besonders für runde Formen. Es gibt zwei Hauptgruppen – pflanzliches Material wie Rindenhäcksel, Holzchips und Kokosschalen, und härteres, mineralisches Material wie Kies, Splitt oder Schiefer.

Kies aus alten See- oder Flussbetten ist glatt gewaschen. Stammt er aus der örtlichen Kiesgrube, passt er in der Farbe meist gut zu anderen ortsüblichen Materialien. Korngrößen unter 6 mm »wandern« an der Schuhsohle auf die umliegenden Flächen, auf mehr als 12 mm großen Körnern fällt das Gehen schwer. Splitt aus gemahlenem Fels ist kantig und es geht sich leichter auf kleineren Körnungen.

Welches Material für welchen Zweck?

- Holzprodukte wie Rindenhäcksel oder Holzchips passen von der Struktur her gut zu einer waldähnlichen Anlage. Sie eignen sich auch gut für Kinderspielplätze..
- Zerstoßene Muscheln, ein Abfall der Fischereiindustrie, wirken in Küstengärten sehr harmonisch.
- Schiefer ist das richtige Material für optisch auffällige Flächen, etwa als Imitation eines trockenen Bachbetts oder als Farbkontrast in einer Kiesfläche.
- Verstreuen Sie unterschiedlich große Kopfsteine zwischen Schiefer und Kiesflächen, um interessante Strukturkontraste zu schaffen. Sie können auch als Wegmarkierung oder zur Absperrung von Flächen verwendet werden.

SCHIEFER
Das kühle Blaugrau von Schiefer kontrastiert mit Ziegeln in gedeckten Farben und Kies in wärmeren Tönen.

KIES
Jede Kiesladung hat eine andere Farbe, so dass sie hervorragend an Steine und Ziegel angepasst werden kann.

ZERSTOSSENES GLAS
Die Kanten sind bereits gerundet, es eignet sich gut für Wegflächen und ist in verschiedenen Farben erhältlich.

Geotextil

Wenn Sie loses Material auf eine Geotextilmembran verlegen, hat es das Unkraut schwer, durchzukommen. Sie verlängert außerdem das Leben des Bodenbelags, da die Körner nicht einfach in den Boden eindringen können, was vor allem bei häufig betretenen Flächen wichtig ist. Um Gewächse zu setzen, durch einen Schlitz pflanzen.

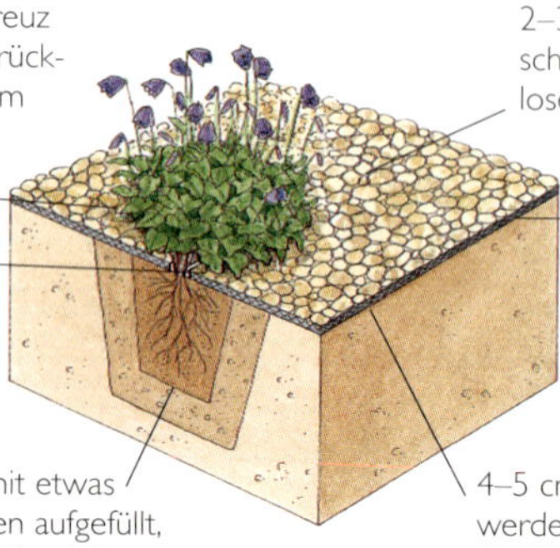

MATERIALMIX

Die Mischung verschiedener Bodenbeläge bietet reichlich Gelegenheit, für Kontrast und Abwechslung zu sorgen und Ihre Anlage individuell zu gestalten. Sie können beispielsweise eine Terrasse mit Steinplatten auslegen und eine oder zwei als Pflanzlöcher auslassen, die mit Kies gefüllt werden. Eine andere Möglichkeit ist, den Hauptbodenbelag mit kleineren Elementen wie Terracotta-Fliesen zu verbinden und ein Muster aus Kontrastfarben zu schaffen. Sie können auch, als Trittsteine und Wegweiser, eine Reihe von Platten in Kies oder Balken in Rindenmulch verlegen.

KIESEL-QUADRAT
Rund gewaschene Kiesel, eingefasst mit Lehmziegeln und fest auf Mörtel verlegt, markieren einen Kreuzweg.

VERRÜCKTE MISCHUNG
Dekorativ wirkt dieses Sternmuster aus Lehmziegeln zwischen unregelmäßigen Steinplatten auf einer Terrasse.

DEKORATIVER BETON
Eine Scheibe aus Gussbeton, die nass mit einem Blattmuster versehen wurde, ist ein hübscher Trittstein in losem Kies.

EINFASSUNGEN

Einer der Nachteile von losem Material ist, dass es oft auf die benachbarten Beete oder den Rasen verteilt wird; letzteres kann gefährlich werden, wenn die kleinen Steine vom Rasenmäher erfasst werden. Deshalb brauchen Sie eine leicht erhöhte Einfassung, die dies verhindert. Eine Einfassung kann einfach ein mit Pflöcken befestigtes Brett sein oder eine Reihe robuster Ziegelfliesen in Mörtel. Es sind spezielle Randfliesen aus Terracotta mit Zopfmustern erhältlich.

ALLES AN SEINEM PLATZ

- Eine Reihe runder Kiesel in Mörtel eignet sich als Einfassung für Kies oder, bei einem maritimen Thema, gemahlene Muscheln. Kiesel passen auch gut zu Schiefer.
- Holzbalken, etwa alte Bahnschwellen, wirken hervorragend als Einfassung von Holzchips, Rindenhäcksel oder Kokosschalen. Holz, das im Freien verwendet werden soll, muss druckimprägniert werden, damit es lange Zeit im Einsatz bleiben kann.
- Ziegelsteine, Tonfliesen und Granit-Pflastersteine in Mörtel ergeben einen festen, klaren Rand, der gut zu eher formellen Anlagen passt.

DECKRAND
Randziegel bilden eine »Mähkante« am Deck, um die Planken nicht beim Rasenmähen zu beschädigen.

EINFASSUNG FÜR KIES
Durch eine gebogene Reihe dauerhafter, mit Mörtel verlegter Ziegel, wird der Kies auf dem Weg gehalten.

PFLANZENPFLEGE

VIELE TERRASSEN UND INNENHÖFE liegen an heißen, sonnigen Plätzen, die schnell austrocknen. Dazu kommt das Dränagegefälle einer Terrasse, was bedeutet, dass die Pflanzen auf der höher gelegenen Seite einen Teil des Regenwassers nicht abbekommen. Daher müssen Sie dafür sorgen, dass Ihre Pflanzen ausreichend feucht gehalten werden. Bei offenem Boden trägt organisches Material, das vor der Pflanzung eingearbeitet wird, zur Wasserhaltigkeit bei.

DÜNGEN UND GIESSEN

Alle Pflanzen brauchen ausreichend Wasser und Nährstoffe, um zu gedeihen; wenn nicht viel Boden zur Verfügung steht, wie im Topf, muss der Gärtner diesen Bedarf decken. Halten Sie das Substrat gleichmäßig feucht und lassen Sie es nie ganz austrocknen. Flüssigdünger wirkt schnell und ist leicht anzuwenden. Verwenden Sie Stickstoffdünger für Blatt- und Kalidünger für Blütenpflanzen.

ENDLICHE RESSOURCEN

Kübelpflanzen haben nur eine bestimmte Menge Substrat zur Verfügung, aus dem sie sich mit Wasser und Nährstoffen versorgen können. Mischungen auf Lehmbasis halten diese meist gut. Bei leichteren, erdfreien Substraten sollten Sie Depotdünger und wasserhaltendes Gel hinzugeben.

BEWÄSSERUNGSSYSTEME

Bewässerungssysteme bewässern die Pflanzen durch Beregnung von oben, durch Kapillareffekte von porösen Röhren an oder unter der Erdoberfläche oder durch gezielte Tropfbewässerung. Sie können von Hand kontrolliert werden, indem man den Hahn nach Bedarf auf- oder zudreht, oder über eine Zeitschaltuhr.

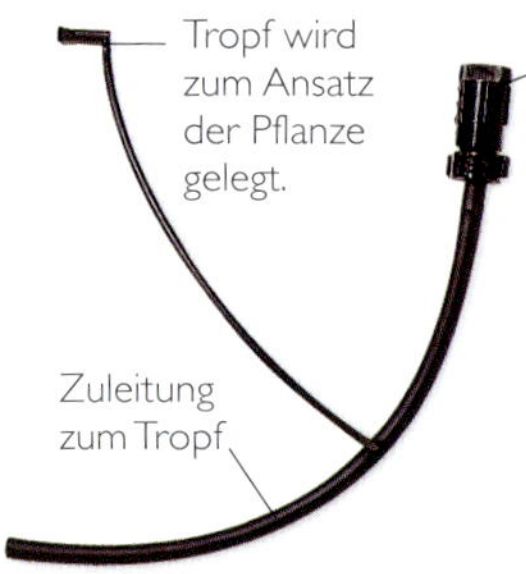

MIKRO-BEWÄSSERUNG *Tropfleitungen versorgen die Wurzeln direkt mit Wasser. Manche können an einen Regenwassertank angeschlossen werden.*

WASSER SPAREN

Wasser sparen ist aus Umweltschutzgründen nötig, in vielen Regionen gibt es auch im Sommer Verbrauchsbeschränkungen, wenn die Pflanzen besonders dringend Wasser brauchen. Ein Mulch aus losem Material wie Kies oder Rindenhäcksel reduziert den Feuchtigkeitsverlust durch Verdunstung an der Erdoberfläche und hält die Wurzeln kühl, was die Pflanze weniger belastet. Mulch unterdrückt außerdem Unkräuter, die mit Ihrer Pflanzung um Wasser und Nährstoffe konkurrieren.

WASSER HALTENDES GRANULAT

◄ WASSER HALTEN *Wasser haltendes Gel steigert die Wasserhaltigkeit des Substrats in Pflanzgefäßen. Mischen Sie das Granulat einfach zur Topferde und gießen Sie gründlich.*

◄ MULCH *Mulch hat als Hintergrund der Pflanzung auch eine dekorative Funktion. Kies ist das richtige Material, um Pflanzen mit klaren Formen hervorzuheben.*

MATERIALMIX

Die Mischung verschiedener Bodenbeläge bietet reichlich Gelegenheit, für Kontrast und Abwechslung zu sorgen und Ihre Anlage individuell zu gestalten. Sie können beispielsweise eine Terrasse mit Steinplatten auslegen und eine oder zwei als Pflanzlöcher auslassen, die mit Kies gefüllt werden. Eine andere Möglichkeit ist, den Hauptbodenbelag mit kleineren Elementen wie Terracotta-Fliesen zu verbinden und ein Muster aus Kontrastfarben zu schaffen. Sie können auch, als Trittsteine und Wegweiser, eine Reihe von Platten in Kies oder Balken in Rindenmulch verlegen.

KIESEL-QUADRAT
Rund gewaschene Kiesel, eingefasst mit Lehmziegeln und fest auf Mörtel verlegt, markieren einen Kreuzweg.

VERRÜCKTE MISCHUNG
Dekorativ wirkt dieses Sternmuster aus Lehmziegeln zwischen unregelmäßigen Steinplatten auf einer Terrasse.

DEKORATIVER BETON
Eine Scheibe aus Gussbeton, die nass mit einem Blattmuster versehen wurde, ist ein hübscher Trittstein in losem Kies.

EINFASSUNGEN

Einer der Nachteile von losem Material ist, dass es oft auf die benachbarten Beete oder den Rasen verteilt wird; letzteres kann gefährlich werden, wenn die kleinen Steine vom Rasenmäher erfasst werden. Deshalb brauchen Sie eine leicht erhöhte Einfassung, die dies verhindert. Eine Einfassung kann einfach ein mit Pflöcken befestigtes Brett sein oder eine Reihe robuster Ziegelfliesen in Mörtel. Es sind spezielle Randfliesen aus Terracotta mit Zopfmustern erhältlich.

ALLES AN SEINEM PLATZ

- Eine Reihe runder Kiesel in Mörtel eignet sich als Einfassung für Kies oder, bei einem maritimen Thema, gemahlene Muscheln. Kiesel passen auch gut zu Schiefer.
- Holzbalken, etwa alte Bahnschwellen, wirken hervorragend als Einfassung von Holzchips, Rindenhäcksel oder Kokosschalen. Holz, das im Freien verwendet werden soll, muss druckimprägniert werden, damit es lange Zeit im Einsatz bleiben kann.
- Ziegelsteine, Tonfliesen und Granit-Pflastersteine in Mörtel ergeben einen festen, klaren Rand, der gut zu eher formellen Anlagen passt.

DECKRAND
Randziegel bilden eine »Mähkante« am Deck, um die Planken nicht beim Rasenmähen zu beschädigen.

EINFASSUNG FÜR KIES
Durch eine gebogene Reihe dauerhafter, mit Mörtel verlegter Ziegel, wird der Kies auf dem Weg gehalten.

Einrichtung der Anlage

Robuste Möbel sind ein wichtiger Bestandteil des Wohnens im Freien und sollten bei der Planung berücksichtigt werden. Je nachdem wie Sie den Platz nutzen wollen, brauchen Sie für einen regelmäßig genutzten Essplatz etwa einen Tisch, Stühle und eventuell einen Sonnenschirm. Wenn Sie nur in der Sonne sitzen wollen, reichen ein paar Liegestühle. Sobald Sie sich über die Funktion im klaren sind, wählen Sie Möbel, die in Material und Stil zum Rest Ihres Gartens passen.

Metall- und Plastikmöbel

Metallmöbel sind im Allgemeinen robust, langlebig und nicht allzu teuer. Sie sind in verschiedenen Stilrichtungen erhältlich. Zu einem eher traditionellen Garten können Sie schmiedeeiserne Möbel wählen, zu einer modernen, geometrischen Anlage Chrom und gehärtetes, kindersicheres Glas. Schmiedeeisen ist meist gegen Rost mit Epoxid beschichtet oder lackiert, Aluminium ist von sich aus rostfrei und pflegeleicht.

Plastik ist mit das billigste Material für Gartenmöbel; meist ist es in gewissem Maß UV-resistent. Aber auch die besten Plastik-Möbel werden mit der Zeit brüchig, deshalb sollten Sie sich rechtzeitig überlegen, wo Sie sie geschützt lagern können, wenn sie nicht gebraucht werden.

MODERNER STUHL
Glänzendes Aluminium ist leicht, rostet nicht und ist häufig schon lackiert, um den Glanz zu erhalten.

Holzmöbel

Holzmöbel sind in traditionellem und modernem Stil erhältlich und tragen Wärme und natürliche Schönheit zu Ihrer Anlage bei, vor allem, wenn sie geölt oder gefirnisst sind. Holz verträgt meist auch eine Lasur oder Lackierung gut und kann nach Wunsch gefärbt werden.

TISCH UND STÜHLE AUS HARTHOLZ
Die meisten Harthölzer nehmen mit der Zeit elegante Blond- und Aschgrau-Töne an; wenn sie lange wie neu wirken sollen, müssen Sie sie regelmäßig mit Holzschutzmitteln behandeln.

Nachhaltige Quellen

Tropisches Hartholz wie Teak oder Iroko ist im Freien besonders widerstandsfähig. Diese Möbel sind sehr teuer, halten aber ein Leben lang. Allerdings ist das Abholzen tropischer Wälder ein Problem für die Umwelt, Sie sollten also darauf achten, dass Ihr Holz aus nachhaltiger Forstwirtschaft stammt.

Zum Grillen und Feiern

Zum Essen im Freien gehört vielleicht ein Grill; wenn er auf Ihrem Wunschzettel steht, sollten Sie ihn gleich zu Beginn einplanen. Die wichtigste Entscheidung ist, ob Sie den Grill fest installieren wollen oder eins der vielen beweglichen Modelle wählen, die sich je nach Bedarf aufbauen lassen. Ein fest installierter Grill kann gut aussehen und funktionieren, aber er dreht sich nicht mit dem Wind, was zu Rauchproblemen führen kann. Denken Sie auch an eine abwaschbare Fläche zur Vorbereitung der Zutaten und anderes Zubehör für die Küche im Freien.

HAUTE CUISINE
Ein fest installierter Grill passt perfekt zu Ihrer Anlage, wenn Sie Material verwenden, das sich an den Wänden und dem Bodenbelag orientiert.

Licht auf der Terrasse

Das angenehme Kleinklima von Terrassen und Innenhöfen und die Lage direkt am Haus legen es nahe, sie zu beleuchten, so dass sie auch nach Einbruch der Dunkelheit noch nutzbar sind. Licht im Freien wird in zwei Gruppen eingeteilt: zunächst die praktische Beleuchtung, die insbesondere an Stufen zur Sicherheit dient. Zur Betonung von Blickpunkten oder für besondere Effekte werden dann noch Strahler installiert, die besonders schöne Pflanzen hervorheben.

GEMÜTLICHES AMBIENTE
Der ideale Platz für ein Abendessen im Freien. Das sanfte Licht schafft eine gemütliche Atmosphäre, die durch Kerzen oder Laternen noch verstärkt werden kann.

ZUR SICHERHEIT

- Die allgemeine Beleuchtung kann fest installiert und von drinnen oder an einem wetterfesten Schalter draußen geschaltet werden.
- Leuchten, die an Steckdosen hängen, sollten keine 230 V benötigen, sondern über einen isolierenden Transformator bei weniger als 50 V betrieben werden. Diese Selbstbausysteme sind flexibel und sicher.

Pflege von Gartenmöbeln

Während der Saison sollten die Möbel öfters abgewaschen werden, besonders wenn es draußen feucht oder staubig ist. Metall- und Plastikmöbel vor dem Einlagern gründlich mit Wasser und Seife reinigen. Bei Holzmöbeln ist die Pflegeanleitung zu beachten; manche müssen nur geölt werden, andere brauchen eine speziellere Schutzbehandlung.

Warmes Seifenwasser und eine weiche Bürste sind ein einfaches, praktisches Reinigungsmittel für Metall.

REINIGEN
Mit Seife oder verdünntem Bleichmittel entfernen Sie Algen von Ihren Plastikmöbeln.

PFLANZENPFLEGE

VIELE TERRASSEN UND INNENHÖFE liegen an heißen, sonnigen Plätzen, die schnell austrocknen. Dazu kommt das Dränagegefälle einer Terrasse, was bedeutet, dass die Pflanzen auf der höher gelegenen Seite einen Teil des Regenwassers nicht abbekommen. Daher müssen Sie dafür sorgen, dass Ihre Pflanzen ausreichend feucht gehalten werden. Bei offenem Boden trägt organisches Material, das vor der Pflanzung eingearbeitet wird, zur Wasserhaltigkeit bei.

DÜNGEN UND GIESSEN

Alle Pflanzen brauchen ausreichend Wasser und Nährstoffe, um zu gedeihen; wenn nicht viel Boden zur Verfügung steht, wie im Topf, muss der Gärtner diesen Bedarf decken. Halten Sie das Substrat gleichmäßig feucht und lassen Sie es nie ganz austrocknen. Flüssigdünger wirkt schnell und ist leicht anzuwenden. Verwenden Sie Stickstoffdünger für Blatt- und Kalidünger für Blütenpflanzen.

ENDLICHE RESSOURCEN

Kübelpflanzen haben nur eine bestimmte Menge Substrat zur Verfügung, aus dem sie sich mit Wasser und Nährstoffen versorgen können. Mischungen auf Lehmbasis halten diese meist gut. Bei leichteren, erdfreien Substraten sollten Sie Depotdünger und wasserhaltendes Gel hinzugeben.

BEWÄSSERUNGSSYSTEME

Bewässerungssysteme bewässern die Pflanzen durch Beregnung von oben, durch Kapillareffekte von porösen Röhren an oder unter der Erdoberfläche oder durch gezielte Tropfbewässerung. Sie können von Hand kontrolliert werden, indem man den Hahn nach Bedarf auf- oder zudreht, oder über eine Zeitschaltuhr.

MIKRO-BEWÄSSERUNG *Tropfleitungen versorgen die Wurzeln direkt mit Wasser. Manche können an einen Regenwassertank angeschlossen werden.*

WASSER SPAREN

Wasser sparen ist aus Umweltschutzgründen nötig, in vielen Regionen gibt es auch im Sommer Verbrauchsbeschränkungen, wenn die Pflanzen besonders dringend Wasser brauchen. Ein Mulch aus losem Material wie Kies oder Rindenhäcksel reduziert den Feuchtigkeitsverlust durch Verdunstung an der Erdoberfläche und hält die Wurzeln kühl, was die Pflanze weniger belastet. Mulch unterdrückt außerdem Unkräuter, die mit Ihrer Pflanzung um Wasser und Nährstoffe konkurrieren.

WASSER HALTENDES GRANULAT

◄ WASSER HALTEN *Wasser haltendes Gel steigert die Wasserhaltigkeit des Substrats in Pflanzgefäßen. Mischen Sie das Granulat einfach zur Topferde und gießen Sie gründlich.*

◄ MULCH *Mulch hat als Hintergrund der Pflanzung auch eine dekorative Funktion. Kies ist das richtige Material, um Pflanzen mit klaren Formen hervorzuheben.*

Hochbeete

Hochbeete halten etwa die Mitte zwischen offenem Boden und Pflanzgefäßen, was die Wasser- und Nährstoffversorgung der Pflanzen angeht. Sie fassen mehr Erde als Pflanzgefäße und halten deshalb die Feuchtigkeit länger, vor allem, wenn sie mit Plastik ausgeschlagen oder abgedichtet sind. Sie können mit einem speziellen Substrat gefüllt werden – etwa eine sandige Mischung für Sukkulenten, die gute Dränage brauchen, oder ein saures Substrat für kalkunverträgliche Pflanzen wie Azaleen.

PFLANZEN FÜR HOCHBEETE

Aurinia saxatilis (Felsensteinkraut) Immergrüne Staude mit graugrünen Blättern und zahlreichen, goldgelben Blüten im späten Frühjahr und Frühsommer. Hängt sehr dekorativ über den Rand.

***Origanum* 'Kent Beauty'** Hängende, aromatische, halbimmergrüne Staude mit rosa und malvenfarbenen Blütenständen im Sommer.

***Lithodora diffusa* 'Heavenly Blue'** Hängender, immergrüner Strauch mit intensiv blauen Blüten im Frühjahr und Frühsommer. Braucht sauren Boden.

EIN HOCHBEET BEPLANZEN
Füllen Sie zunächst eine Schicht Schotter ein. Die darüber liegende Muttererde sollte eine Tiefe von 45cm haben.

Töpfe auf der Terrasse

Pflanzgefäße trocknen sehr schnell aus und müssen eventuell täglich gegossen werden, besonders bei heißem, trockenem Wetter. Tropfbewässerung ist sehr zu empfehlen, vor allem bei einer großen Anzahl Gefäßen. Ansonsten sollten Sie die Gefäße in der Nähe des Wasserhahns platzieren und mit der Kanne gießen.

ALLES IM KASTEN
Buchsbäume brauchen ausreichend große Pflanzkübel, damit sie nicht austrocknen.

Dieser klassische Holzkübel passt perfekt zu der »Pflanzen-Pyramide« (*Buxus sempervirens*).

KÜBELGEHÖLZE

Acer palmatum (Fächerahorn) Kompakter, laubwerfender Baum mit gelappten Blättern in leuchtenden Herbstfarben. Windgeschützt stellen.

Citrus × meyeri Kompakter, immergrüner Baum mit süß duftenden Blüten und später kleinen Zitronen. In kalten Regionen über Winter in ein frostfreies Gewächshaus stellen.

Ilex crenata (Japanische Stechpalme) Kompakter, immergrüner Strauch mit glänzenden, ovalen, dunkelgrünen Blättern. Bildet nach den unauffälligen Blüten manchmal gelbe oder weiße Beeren.

Laurus nobilis (Lorbeer) Aromatischer, immergrüner Strauch mit Büscheln winziger gelbgrüner Blüten im Frühjahr. Kann als Hochstamm oder Pyramide erzogen werden. Wird auch in der Küche verwendet.

Myrtus communis (Brautmyrte) Aromatische, immergrüne Pflanze mit duftenden, elfenbeinfarbenen Blüten im Spätsommer. Ideal als Duftpflanze für einen Sitzplatz. Kann als Kugel oder Pyramide erzogen werden. In kalten Regionen über Winter ins Gewächshaus oder den Wintergarten stellen.

PFLANZEN-AUSWAHL

DIE FOLGENDEN PFLANZEN wurden nach den besonderen Bedingungen von Terrassen und Innenhöfen sortiert – erst diejenigen, die zu heißen, sonnigen Plätzen passen, dann solche für kühle, schattige Standorte. Bestimmte Pflanzen wurden wegen ihres Duftes ausgewählt, der in umschlossenen Räumen gut zur Geltung kommt, andere, weil sie besonders lang von Interesse sind.

☼ *bevorzugt volle Sonne* ◐ *bevorzugt Teilschatten* ● *verträgt Vollschatten* ◇ *bevorzugt gut drainierten Boden* ◆ *bevorzugt feuchten Boden* ♦ *bevorzugt nassen Boden* ❄❄❄ *voll frosthart (bis -15°C)* ❄❄ *frosthart (bis -5°C)* ♀ *Auszeichnung der RHS*

SONNE UND TROCKENHEIT

DIE FOLGENDEN PFLANZEN vertragen heiße, trockene Standorte – sie gedeihen dort hervorragend und blühen besser. Es ist nur eine kleine Auswahl der Pflanzen, die trockene Hitze mögen, es fällt jedoch auf, wie viele davon fleischige, weiße oder grau behaarte Blätter haben. Diese Eigenschaften weisen oft darauf hin, dass eine Pflanze an einem heißen Ort gedeiht.

***Artemisia* 'Powis Castle'** ♀
Nicht blühende immergrüne Pflanze mit holzigem Spross, bis zu 60 cm hoch und 75 cm breit. Fein geschnittene, silbergraue Blätter bilden einen dichten Hügel, der für Blüten- oder auffällige Blattpflanzen einen idealen Hintergrund abgibt. Um schöne Blätter zu erhalten, im Frühjahr zurückschneiden; im Hochsommer nochmals in Form schneiden.
☼ ◇ ❄❄

Caryopteris* × *clandonensis
Elegante, laubwerfende, strauchige Staude mit aromatischen, graugrünen, silbern behaarten Blättern und dichten Büscheln kräftig blauer Blüten von Spätsommer bis Herbst. Im Frühjahr zurückschneiden, um schöne Blätter und Blüten zu erhalten. Wird bis zu 1 m hoch.
☼ ◇ ❄❄

Cistus* × *cyprius ♀ (Zistrose)
Ein buschiger, immergrüner Strauch, bis 1,5 m hoch, dunkelgrüne Blätter und große, weiße, papierdünne Blüten mit karminrotem Fleck von Früh- bis Hochsommer. Nach der Blüte in Form schneiden.
☼ ◇ ❄❄

CISTUS × CYPRIUS

◄ VON GRUND AUF *Hochwertige Pflanzen auf jeder Ebene wirken das ganze Jahr über interessant.*

***Cytisus* × *praecox* 'Allgold'** 🏆
(Elfenbeinginster)
Laubwerfender Strauch mit vielen, dicht sitzenden schmalen, binsenartigen Stängeln mit winzigen grünen Blättern, die einen bis 1,5 m hohen und ebenso breiten, gebogenen Hügel bilden. Von Mitte bis Ende Frühjahr ist er mit scharf riechenden, goldgelben Schmetterlingsblüten bedeckt. Verträgt sehr mageren, trockenen Boden, hervorragender hoher Bodendecker an steilen Hängen.
☼ 💧 ❄❄❄

Eryngium giganteum 🏆
(Elfenbeindistel)
Kurzlebige, Rosetten bildende Staude mit einer Krone aus stachligen, silbrig blauen Blättern. Im Sommer trägt sie verzweigte, langlebige Köpfe stahlblauer Blüten mit einem Büschel silberner Hochblätter und wird bis zu 90 cm hoch. Sie ist zwar kurzlebig, samt aber leicht selbst aus, lassen Sie also einige Keimlinge als Ersatz stehen. Eine auffällige Pflanze, die besonders in der Dämmerung gut aussieht.
☼ 💧 ❄❄❄

ERYNGIUM GIGANTEUM

EUPHORBIA CHARACIAS

Euphorbia characias
Aufrechter, immergrüner Strauch, der einen bis 1,2 m hohen und breiten, buschigen Hügel bildet. Schmale, blaugrüne Blätter sitzen strahlenförmig an dicken, saftigen Stängeln mit Köpfen aus winzigen, von großen gelbgrünen, am Ansatz schwarz-violetten Hochblättern umgebenen Blüten. Hervorragende Strukturpflanze, als Solitär zwischen Kies oder Steinen.
☼ 💧 ❄❄❄

Festuca glauca 🏆
(Blauschwingel)
Immergrünes, büscheliges Gras, das stachlige, bis 30 cm hohe Hügel aus steifen, blaugrünen Blättern bildet. Die schlanken Stängel tragen im späten Frühjahr und Frühsommer winzige, hautfarbene Blüten. Schöner Hintergrund für farbige Blütenpflanzen und dekorativ als niedrige, informelle Einfassung, besonders in trockenen Kiesbeeten. Alle drei Jahre teilen, um die Blattfarbe zu erhalten. Die Kultursorte 'Blaufuchs' 🏆, syn. 'Blue Fox' hat leuchtender blaue Blätter.
☼ 💧 ❄❄❄

HELIANTHEMUM 'FIRE DRAGON' 🏆

Helianthemum (Sonnenröschen)
Kleine, ausladende, immergrüne Sträucher, etwa 20 cm hoch und 60 cm breit. Die dichten, drahtigen Stängel sind mit winzigen, graugrünen Blättern umhüllt, im späten Frühjahr und Frühsommer wird die ganze Pflanze von papierdünnen Blüten in leuchtenden Farben bedeckt. Ein Blickpunkt für heiße Stellen und hervorragend als Bodendecker oder als Hängepflanze an Trockenmauern. Nach der Blüte sofort in Form schneiden.
☼ 💧 ❄❄❄

***Iris*, Große Bart-**
Diese Iris wird bis zu 70 cm hoch und bildet Fächer aus schwertförmigen, graugrünen Blättern aus dicken, fleischigen, an der Oberfläche kriechenden Rhizomen. Von Mitte Frühjahr bis Frühsommer tragen sie Ähren aus großen Blüten in Weiß-, Gelb-, Apricot-, Rosa- und Blautönen. Sie eignen sich gut als Akzentpflanzen und blühen am Fuß einer warmen Mauer üppiger und früher.
☼ 💧 ❄❄❄

Osteospermum jucundum ♀
Klare, niedrig wachsende, ausladende Staude mit schmalen, graugrünen Blätter, die den ganzen Sommer über in langer Folge margeritenartige, kräftige malvenrosa Blüten bildet. Sie schließen sich bei trübem Wetter und zeigen ihre kupferrosa Unterseite. Hervorragender Bodendecker, besonders an trockenen, sonnigen Hängen. Verträgt mageren, trockenen Boden sehr gut und gedeiht in Küstengärten, auch bei spritzendem Salzwasser. Wird 10–50 cm hoch und bildet eine bis zu 90 cm breite Matte.
☼ ◊ ❄❄❄

OSTEOSPERMUM JUCUNDUM

***Sedum spectabile* 'Brilliant'** ♀
(Purpurfetthenne)
Robuste Staude mit kräftigem Stängel, bis 45 cm hoch, trägt Wirtel aus fleischigen, blassgraugrünen Blättern. Im Spätsommer und Herbst erscheinen breite, flache Blütenköpfe mit vielen winzigen, tiefrosa Blüten, die auch noch attraktiv wirken, wenn sie welken und braun werden. Lockt Bienen und Schmetterlinge in den Garten.
☼ ◊ ❄❄❄

Sempervivum tectorum ♀
(Echte Hauswurz)
Sukkulente, immergrüne, Staude mit rosettenartigen, fleischigen, an den Spitzen behaarten, blau-grünen Blättern, die oft kastanienbraun oder rotviolett behaucht sind. Im Sommer tragen die aufrechten Stängel Blütenköpfen aus winzigen, rotvioletten Blüten. Sie bildet dichte, 15 cm hohe, 50 cm breite Matten, braucht kaum Boden oder Feuchtigkeit und ist deshalb hervorragend zur Pflanzung in Kies bzw. in Mauer- oder Bodenritzen, aber auch für breite, flache Tröge oder andere Gefäße geeignet.
☼ ◊ ❄❄❄

SEDUM SPECTABILE 'BRILLIANT'

Stipa gigantea ♀ (Riesenfedergras)
Ausdauerndes, halb- oder immergrünes Gras, das dichte, gebogene Büschel schmaler, mittelgrüner Blätter bildet. Von Hoch- bis Spätsommer bilden sich hohe Ähren winziger goldener Blüten an schlanken Stängeln, die schon bei leichtem Wind schimmern und einen dunstigen, besonders vor dunklem Hintergrund dekorativen Effekt erzielen. Dramatischer Blickpunkt zwischen niedrigeren Pflanzen; kann bis zu 2,5 m hoch und 1,2 m breit werden.
☼ ◊ ❄❄❄

WEITERE PFLANZEN FÜR HEISSE PLÄTZE

Cordyline australis ♀
Kleiner, palmenähnlicher Baum mit gebogenen Blättern, im Sommer Blütenköpfen aus weißen, stachligen Blüten.
Eremophila glabra Niedrig wachsender Strauch mit graugrünen Blättern, den Sommer über grüne, gelbe oder rote Blüten.
Euonymus fortunei Niedrig wachsende, immergrüne Sträucher. Bei vielen Kultursorten sind die dunkelgrünen Blätter stark gold oder weiß panaschiert (*siehe S. 70*).
***Juniperus squamata* 'Blue Star'** ♀ Kompakte, rundliche, immergrüne Konifere, silbrig blaue Blätter.
Onopordum acanthium
Riesige, distelähnliche Zweijährige mit weiß behaarten, stachligen Blättern, im Sommer hohe Ähren violetter Blüten.
Phlomis fruticosa ♀
Mittelgroßer, immergrüner Strauch mit graugrünen Blättern, Wirtel gelber Blüten im Sommer.
Pinus mugo
Kleine, immergrüne Konifere mit dunkelgrünen, nadelähnlichen Blättern.

SCHATTENVERTRÄGLICHE PFLANZEN

FÜR DEN UNERFAHRENEN GÄRTNER können schattige Ecken problematisch wirken, aber oft sieht es schlimmer aus als es ist. Viele schöne Pflanzen bevorzugen sogar Schatten und sehen im kühlen, geschützten Schatten eines Innenhofs viel länger gut aus – die Blätter ebenso wie die Blüten.

***Aucuba japonica* 'Crotonifolia'** ♀
Robuster, immergrüner Strauch mit glänzenden, goldgefleckten grünen Blättern. Die richtige Pflanze, um eine dunkle Ecke zu beleben, verträgt sehr unterschiedliche Bedingungen und Böden. Wird bis zu 2 m hoch und 2 m breit; wird er zu groß für seinen Platz, kann er im Frühjahr hart zurückgeschnitten werden.

***Dicentra spectabilis* 'Alba'** ♀
Staude mit fein geschnittenen, blassgrünen Blättern und gebogen Stängeln, an denen von Früh- bis Hochsommer herzförmige weiße Blüten hängen. Stirbt im Spätsommer ab, daher mit herbstblühenden Zwiebelpflanzen kombinieren.

HELLEBORUS × *BALLARDIAE* 'DECEMBER DAWN'

Digitalis purpurea
(Roter Fingerhut)
Rosetten bildende Zweijährige oder kurzlebige Staude, die Hügel aus weichen, mittelgrünen Blättern bildet und im Frühsommer aufrechte, bis 2 m hohe Ähren mit behelmten, weiß gefleckten, violetten Blüten. Langblühender Blickpunkt für Sonne oder Schatten. Samt leicht selbst aus und verwildert schnell.

***Euonymus fortunei* 'Emerald 'n' Gold'** ♀
Sehr robuster, immergrüner Strauch mit glänzend grünen, goldumrandeten Blättern, die im Winter oft rosa angehaucht sind. Hervorragende, auffällige Pflanze für jeden Boden in Sonne oder Schatten. Gewöhnlich bis zu 90 cm hoch, wird jedoch an einer Mauer oder einem Zaun viel höher.

Helleborus (Christrose)
Krautige und immergrüne Stauden mit ledrigen, geteilten Blättern und meist nickenden, becherförmigen Blüten in Farben von blassgrün bis weiß, malvenfarben, violett und schiefergrau. Je nach Art blühen sie lange Zeit zwischen Mitte Winter und Mitte Frühjahr; sie werden 25–60 cm hoch. Hervorragende Schnittblumen.

HOSTA *FORTUNEI* VAR. *ALBOPICTA*

Hosta (Funkie)
Funkien sind Büschel bildende krautige Stauden, die wegen ihrer schönen Blätter, aber auch wegen der Ähren duftender, blass lavendelfarbener Blüten im Hochsommer. Es gibt winzige Kultursorten wie 'Blue Moon', 10 cm hoch, aber auch großblättrige wie *H. fortunei* var. *albopicta* ♀, bis 1 m hoch und ebenso breit. Manche, etwa *H. sieboldiana* var. *elegans* ♀ haben auffällige, tief gekräuselte Blätter in kräftigem Blaugrün, die einen 1 m hohen Hügel bilden. Großblättrige Funkien sind hervorragende Bodendecker für Schatten, aber auch für Sonne, wenn der Boden zuverlässig feucht ist. Viele wirken in Gefäßen äußerst elegant. Gut als Schnittblumen geeignet.

HYDRANGEA MACROPHYLLA 'LANARTH WHITE'

***Hydrangea macrophylla* 'Lanarth White'** ♡
(Hortensie)
Laubwerfender Strauch, bis 1,5 m hoch, mit frisch grünen Blättern und Blütenköpfen aus weißen »Spitzenhäubchen« im Hoch- bis Spätsommer. Elegante Solitärpflanze für kühle, schattige Ecken, kann aber auch in großen Gefäßen gezogen werden. Es sind viele Kultursorten von *H. macrophylla* erhältlich. Die Hortensien haben rundliche Blütenköpfe. Außer bei den weißblühenden Sorten beeinflusst der Boden die Blütenfarbe: Sie sind blau auf saurem Boden und rosa auf alkalischem.
☼–◐ ♦ ❄❄❄

***Lamium maculatum* 'Album'**
(Gefleckte Taubnessel)
Ausladende Staude, bis 15cm hoch, mit blassgrünen, silbern panaschierten Blättern und weißen Blüten vom späten Frühjahr bis Frühsommer. Hervorragender Bodendecker. Nach der Blüte auf 5–10cm zurückschneiden.
☼–◐ ◊–♦ ❄❄❄

Polygonatum × hybridum ♡
(Salomonssiegel)
Krautige Staude mit schlankem, sanft gebogenem Stängel, der von waagerecht liegenden, mittelgrünen Blättern umhüllt ist. Im späten Frühjahr bilden sich hängende, weiße Blüten mit grünen Spitzen. Diese elegante Pflanze gedeiht am besten in kühlem, humusreichem Boden, der ständig feucht bleibt.
◐–● ♦ ❄❄❄

***Polystichum setiferum* 'Pulcherrimum'** ♡
(Farn)
Diese Abart des Weichen Schildfarns bildet gebogene, seidige Wedel mit langen, elegant nach oben gebogenen Segmenten, die aus einer zentralen Krone hervorgehen. Er ist auffällig geformt, eignet sich als Bodendecker und wird 60–80 cm hoch. Verwelkte Wedel entfernen, bevor sich die neuen entfalten. Wie viele Farne gedeiht er am besten in humusreichem Boden, der nicht austrocknet. Farne sind große Schattenliebhaber.
◐–● ♦ ❄❄❄

POLYSTICHUM SETIFERUM 'PULCHERRIMUM'

RHODODENDRON YAKUSHIMANUM

Rhododendron yakushimanum
Einer der schönsten Rhododendren, der einen klaren, immergrünen, Mitte Frühjahr mit Büscheln weißer oder blassrosa Blüten bedeckten Hügel aus glänzenden, dunkelgrünen Blätter bildet. Die neuen Blätter haben dicke, lederbraune Haare an der Unterseite. Wächst langsam bis auf 2m Höhe und kann in Gefäßen mit Moorpflanzensubstrat (sauer) gezogen werden, wenn der Boden alkalisch oder kalkhaltig ist.
☼–● ♦ ❄❄❄

Saxifraga fortunei ♡
Krautige oder halbimmergrüne Staude, die 30cm hohe Hügel aus tief gelappten, dunkelgrünen, unten roten Blättern bildet. Im Spätsommer oder Herbst trägt sie feine Ähren weißer Blüten; guter Bodendecker. Diese Bedingungen eignen sich auch für die Matten bildenden Steinbrecharten wie 'Apple Blossom' mit rosa angehauchten weißen Blüten im späten Frühjahr.
◐–● ♦ ❄❄❄

DUFTPFLANZEN FÜR DIE TERRASSE

IM OFFENEN GARTEN IST DER BLUMENDUFT oft kaum wahrnehmbar, er wird von der leichtesten Brise verweht, aber in einem windstillen Innenhof oder auf einer umschlossenen Terrasse wird der Duft, den die Pflanzen ausströmen, verstärkt. Die hier beschriebenen Pflanzen verleihen Ihrer Anlage eine neue Dimension.

***Erysimum × cheiri* 'Harpur Crewe'** ♀ (Goldlack)
Strauchige, immergrüne Staude, bis 30 cm hoch, mit hellgrünen Blättern und dichten Blütenköpfen aus kleinen, stark duftenden, tiefgelben Blüten vom zeitigem Frühjahr bis Sommer. Nach der Blüte schneiden, damit er dicht und buschig wächst.
☼ ◊ ❄❄❄

Jasminum officinale ♀ (Weißer Jasmin)
Wüchsige, laubwerfende oder halbimmergrüne Kletterpflanze mit dunkelgrünen Blättern an den Ranken. Die stark duftenden, weißen Blüten erscheinen von Sommer bis Frühherbst. Er wird bis 1,2 m hoch und ist eine hervorragende Kletterpflanze.
☼ ◊ ❄❄

LAVANDULA ANGUSTIFOLIA 'TWICKEL PURPLE' ♀

UNENTBEHRLICH

Dianthus Moderne Nelken sind kompakte, graublättrige Stauden mit nach Gewürznelken duftenden Blüten im Sommer. Ideal zu Rosen.
Lilium Viele Lilien haben intensiv duftende Blüten und sind ideal für Rabatten, besonders mit Rosen. Sie wirken besonders elegant in großen Gefäßen.

Lathyrus odoratus ♀ (Duftwicke)
Einjährige Kletterpflanze mit graugrünen Blättern. Duftende Blüten in vielen verschiedenen Farben – weiß, creme, tief- und blassrosa, malve oder blau – erscheinen durchgehend von Früh- bis Hochsommer. In Töpfen ebenso gut wie in offenem Boden, kann an Gittern oder Gerüsten hochgezogen werden. Bis zu 2 m hoch.
☼ ◊ ❄❄❄

Lavandula angustifolia (Lavendel)
Immergrüner, aromatischer, graublättriger Strauch, 60 cm hoch, mit Ähren aus blauvioletten Blüten im Hoch- bis Spätsommer. Eignet sich als niedrige Hecke, für Rabatten, Töpfe und Pflanzungen in Kies. Rosa oder weiße Blüten sind ebenfalls erhältlich.
☼ ◊ ❄❄❄

Nicotiana sylvestris ♀ (Ziertabak)
Zweijährige oder kurzlebige Staude mit verzweigtem Spross, trägt im Sommer für längere Zeit Blütenköpfe aus süß duftenden, röhrenförmigen weißen Blüten.
☀ ◊ ❄❄❄

Philadelphus (Pfeifenstrauch)
Laubwerfende Sträucher mit hellgrünen Blättern und zahlreichen weißen Blüten im Früh- und Hochsommer, die nach Orangenblüten duften. Die Kultursorten 'Manteau d'Hermine' ♀, 'Belle Etoile' ♀, 'Avalanche' und 'Girandole' werden bis zu 1,5 m hoch und eignen sich hervorragend für begrenzte Räume. Die meisten vertragen lichten Schatten, blühen aber besser in der Sonne.
☼ ◊ ❄❄❄

PHILADELPHUS 'MANTEAU D' HERMINE'

PHLOX PANICULATA 'HAMPTON COURT'

Phlox paniculata
(Sommerphlox)
Krautige Stauden, 90–120 cm hoch, mit frisch grünen Blättern und aufrechten Stängeln, an denen im Hoch- bis Spätsommer oder Frühherbst große Blütenköpfe mit stark duftenden, weißen, rosa, roten oder violetten Blüten sitzen.
☼ ◊ ❄❄❄

Rosa
Die Rose ist eine der beliebtesten Duftpflanzen der Welt und die Auswahl umfasst Tausende von Sorten; ihr Duft reicht von süß und fruchtig bis würzig oder moschusartig. Die meisten modernen Kletter -und Strauchrosen, Grandiflora- und Floribunda-Rosen blühen mehrmals im Sommer. Alte Gartenrosen duften wunderbar, blühen aber meist nur ein Mal üppig im Hochsommer. 'Aloha' ist eine moderne Kletterrose mit glänzenden, dunkelgrünen Blättern und auf der Außenseite tiefrosa Blüten. Sie wird an der Mauer 3 m hoch und blüht fast den ganzen Sommer über.
☼ ◊ ❄❄❄

Rosmarinus officinalis
Aromatischer, immergrüner Strauch mit dunkelgrünen Blättern und Ähren winziger Blüten in verschiedenen Blautönen von Mitte bis Ende Frühjahr, oder früher im Schutz einer warmen Mauer. Hervorragend als niedrige, informelle Hecke, im Steingarten und als Küchenkraut unersetzlich. Nach der Blüte um bis zu einem Drittel zurückschneiden.
☼ ◊ ❄❄

***Syringa vulgaris* 'Decaisne'**
(Flieder)
Kleiner Baum mit herzförmigen Blättern und Ähren aus vielen winzigen, duftenden, violettblauen Blüten im späten Frühjahr oder Frühsommer. Er wird 2,5 m hoch, ist viel kompakter als andere Fliederarten und daher hervorragend für kleinere Gärten. Noch kleiner ist der buschige *S. meyeri* 'Palibin' 🏆, bis 1,5 m hoch. Er hat im späten Frühjahr stark duftende, lavendelrosa Blüten. Flieder vertragen die meisten Böden, bevorzugen aber leicht alkalische.
☼ ◊ ❄❄❄

ROSA 'ALOHA'

VIBURNUM × BURKWOODII 'ANNE RUSSELL'

***Viburnum × burkwoodii* 'Anne Russell'** 🏆
Kompakter, laubwerfender oder halbimmergrüner Strauch mit glänzenden, dunkelgrünen Blättern und rundlichen Blütenköpfen aus stark duftenden, rosa angehauchten weißen Blüten, die sich im späten Frühjahr aus tiefrosa Knospen bilden. Hervorragend als Rahmen und Hintergrund für kleinere Blüten- und Blattpflanzen. Nach der Blüte leicht in Form schneiden.
☼–◐ ◊ ❄❄❄

Wisteria sinensis 🏆
(Chinesische Glyzine)
Wüchsige Rankpflanze mit blassgrünen, in ovale Fiedern geteilten Blättern. Sie trägt lange Ketten duftender fliederblauer Schmetterlingsblüten im späten Frühjahr.
W. sinensis 'Alba' 🏆 hat weiße Blüten und ist eine beeindruckende Kletterpflanze für Pergolen oder hohen Mauern; sie kann über 9 m hoch werden. Sie kann sogar als Hochstamm gezogen und in Kübeln gepflanzt werden.
☼–◐ ◊ ❄❄❄

LANGE BLÜHENDE PFLANZEN

PFLANZEN MÜSSEN ETWAS BIETEN, um sich ihren Platz auf engem Raum zu verdienen. Folgende Pflanzen tun genau das, indem sie entweder besonders lang blühen, schöne Blätter zeigen, oder zu mehr als einer Jahreszeit attraktiv sind: mit Blüten im Frühjahr und Früchten oder leuchtenden Farben im Herbst.

Abelia* × *grandiflora
Immergrüner oder halbimmergrüner Strauch, bis 3 m hoch, mit glänzenden, dunkelgrünen Blättern. Trägt eine Folge von röhrenförmigen, rosa angehauchten weißen Blüten über einen langen Zeitraum von Hochsommer bis Spätherbst. Guter Hintergrundstrauch, der auch an einer warmen Mauer hochgezogen werden kann.

Acanthus spinosus
(Bärenklau)
Krautige Staude mit großen, stark glänzenden, dunkelgrünen Blättern mit tiefen Einschnitten und Dornen. 1,5 m hohe Ähren behelmter, weißer und violetter Blüten erscheinen von Früh- bis Spätsommer. Ein auffälliger Blickpunkt, was Blüten und Blätter angeht.

WEITERE PFLANZEN

Alchemilla mollis
Ausdauernder Bodendecker mit rundlichen, blassgrünen Blättern und limonengrünen Blüten im Sommer.
Berberis thunbergii
Laubwerfender, stachliger Strauch mit hellgrünen Blättern, die im Herbst rot werden. Nach den gelben Blüten im Frühjahr bilden sich rundliche, rote Früchte.

AGAPANTHUS 'BLUE GIANT'

***Achillea* 'Moonshine'**
Aromatische, krautige Staude, die Hügel aus weichen, tief eingeschnittenen, silbrig grünen Blättern bildet. Von Frühsommer bis Frühherbst erscheinen lange weiß-wollige Stängel mit flachen Blütenköpfen aus weichen, gelben Blüten. Hervorragender Hintergrund für dunklere Blattpflanzen und zum Schneiden und Trocknen geeignet. Wird bis zu 60 cm hoch.

Actinidia kolomikta
Laubwerfende Kletterpflanze, bis 4 m hoch, mit rankendem Spross und herzförmigen Blättern; die ersten sind grün und violett angehaucht, die späteren sind an den Spitzen rosa und weiß gefleckt. Blickpunkt für Mauern, Gitter oder Pergolen.

***Agapanthus* 'Blue Giant'**
(Schmucklilie)
Gruppen bildende Staude mit riemenförmigen Blättern. Die schlanken, bis 1,2 m hohen Stängel tragen große, rundliche Blütenköpfe mit dunkelblauen Blüten im Hoch- bis Spätsommer. Blickpunkt in einer sonnigen Rabatte oder einem großen Kübel.

Anemone* × *hybrida (Herbst)
Ausladende Staude, bis 1,5 m hoch, mit behaarten Blättern und blassrosa Blüten mit goldenem Zentrum für viele Wochen im Spätsommer und Herbst. Die Blüten sind weiß bis tiefrosa. Die weißen Blüten der 'Honorine Jobert' leuchten im Schatten oder in der Dämmerung. Gute Bodendecker.

ANEMONE × HYBRIDA 'HONORINE JOBERT'

ANTHEMIS PUNCTATA SUBSP. *CUPANIANA*

Anthemis punctata* subsp. *cupaniana 🏆
Matten bildende Staude, bis 30 cm hoch, mit weichen, fein geschnittenen, silbergrauen Blättern, die im Frühjahr und Sommer gut aussehen. Große, weiße Margeritenblüten mit goldenem Zentrum zeigen sich für mehrere Wochen im Frühsommer. Hervorragend als niedriger Bodendecker, als Einfassung oder über die Wand eines Hochbeets hängend.
☼ 💧 ❄❄❄

***Carex oshimensis* 'Evergold'** 🏆
Immergrünes Gras, das Gruppen aus schmalen, dunkelgrünen, gebogenen Blättern mit leuchtend cremegelben Streifen bildet. Schlanke Ähren kleiner, hautfarbener und brauner Blüten erscheinen im späten Frühjahr, danach bilden sich feine Samenstände. Die Blattpflanze wird bis zu 30 cm hoch und behält ihre Farbe fast das ganze Jahr über. Geeignet für Rabattenränder, sieht aber auch in Kübeln gut aus, entweder als Solitär oder in einer gemischten Pflanzung.
☼–◐ 💧 ❄❄❄

Ceratostigma plumbaginoides 🏆
Ausladende, halbimmergrüne Staude mit holzigem Spross, bis 45 cm hoch, mit rundlichen, stachligen Blättern, die im Herbst rot anlaufen. Ähren aus leuchtend blauen Blüten erscheinen von Spätsommer bis Herbst, während der letzten Blüte verfärben sich die Blätter. Hervorragend als Bodendecker und für die Vorderseite einer Rabatte.
☼ 💧 ❄❄❄

Cornus kousa* var. *chinensis 🏆 (Hartriegel)
Kleiner Baum, bis 7 m hoch, mit dunkelgrünen Blättern, die im Herbst kräftig rot werden. In Frühsommer erscheinen winzige, grüne Blüten, umgeben von großen, cremeweißen, kronblattähnlichen Hochblättern, die erst weiß, dann rosa werden. 'China Girl' hat olivgrüne Blätter, die Herbst feuerrot werden, und blüht auch als junge Pflanze schon üppig; 'Stella' hat spitze, sternförmige Hochblätter. Sie bevorzugen neutralen bis sauren Boden.
☼–◐ 💧 ❄❄❄

CAREX OSHIMENSIS 'EVERGOLD'

COTINUS 'GRACE'

***Cotinus* 'Grace'** 🏆 (Perückenstrauch)
Buschiger Strauch oder kleiner Baum, bis 6 m hoch, mit weichen, rundlichen, violetten Blättern an Zweigen mit dunkler Spitze, die im Herbst kräftig rot werden. Trägt im Spätsommer fedrige Blütenköpfe mit winzigen, violettrosa Blüten, die wie ein Nebelschleier über den Blättern liegen. Die auffällige Pflanze bildet einen guten Kontrast zu graublättrigen Sträuchern.
☼–◐ 💧 ❄❄❄

***Dicentra* 'Stuart Boothman'** 🏆
Ausladende Staude mit tief eingeschnittenen, graugrünen Blättern, die dichte, bodendeckende Hügel bilden. Bildet eine lange Folge von hängenden, herzförmigen, tiefrosa Blüten von Mitte bis Ende Frühjahr bis in den Spätsommer, manchmal noch länger. Hervorragende Pflanze für Einfassungen, die in der Sonne oder lichtem Schatten gedeiht; gut als Unterpflanzung von laubwerfenden Blütensträuchern wie *Cornus kousa* var. *chinensis* oder *Hibiscus syriacus*.
☼–◐ 💧 ❄❄❄

FUCHSIA MAGELLANICA

Fuchsia magellanica
(Scharlachfuchsie)
Aufrechter Strauch, bis 3 m hoch in milden Regionen; in kalten Gebieten wird er 1,5 m hoch und stirbt im Winter ab wie eine Staude. Er hat glatte, mittelgrüne Blätter und bildet den ganzen Sommer über bis in den Herbst eine Folge von schlanken, hängenden, karminroten und violetten Blüten. In kalten Regionen sollte die Pflanze im Winter gemulcht und die toten Stängel im Frühjahr bis auf den Boden zurückgeschnitten werden.
☼–◐ ◊ ❄❄

***Hydrangea* 'Preziosa'** 🏆
(Hortensie)
Aufrechter, laubwerfender Strauch, bis 1,5 m hoch, die Zweige mit dunkler Spitze tragen glänzende, mittelgrüne Blätter, die im Herbst violett anlaufen. Bildet große, lange blühende Blütenköpfe, die erst weiß, später rosa und dann tief karminrot bzw. in saurem Boden blau oder malvenfarben werden. Blüht von Hochsommer bis zum Spätherbst. Gedeiht in voller Sonne oder lichtem Schatten. ☼–◐ ◊ ❄❄

***Hypericum* 'Hidcote'** 🏆
Dichter, immergrüner oder halbimmergrüner Strauch, bis 1,2 m hoch, mit dunkelgrünen Blättern. Trägt in langer Folge becherförmige, kräftig goldgelbe Blüten von Früh- bis Hochsommer bis in den Spätherbst. Ein schön geformter Busch, der in praktisch jedem gut dränierten Boden gedeiht.
☼ ◊ ❄❄❄

***Malus × zumi* 'Golden Hornet'** 🏆
Dieser Zier-Holzapfel ist ein schlanker, laubwerfender Baum, bis 1 m hoch, mit dunkelgrünen Blättern und zahlreichen weißen Blüten im Frühjahr. Die kleinen, goldenen Holzäpfel, die sich danach bilden, sind ebenfalls zahlreich und bleiben oft bis lange nach dem Laubfall hängen. Es gibt viele hübsche Zieräpfel – meist kleine Bäume. Alle blühen im Frühjahr, von weinrot wie *'Lemoinei'*, rosa wie *'Magdeburgensis'* bis weiß wie *'Katherine'*; sie tragen Äpfel in Rot, Gold oder Violettrot.
☼ ◊ ❄❄❄

HYPERICUM 'HIDCOTE'

PHYGELIUS AEQUALIS 'YELLOW TRUMPET'

***Phygelius aequalis* 'Yellow Trumpet'** 🏆
Kleiner, aufrechter, Ausläufer bildender Strauch, bis 1 m hoch, mit schmalen, glänzenden, dunkelgrünen Blättern. Trägt über Sommer bis in den Herbst zahlreiche exotische, trompetenförmige, fuchsienähnliche Blüten in weichem Cremegelb. Blüht am besten in einer sonnigen, geschützten Ecke, in feuchtem, humusreichem Boden.
☼ ◊–💧 ❄❄

***Potentilla fruticosa* 'Elizabeth'** 🏆
Buschiger, laubwerfender Strauch, bis 1 m hoch, mit winzigen, graugrünen Blätter an dünnen Zweigen. Trägt über Sommer viele kanariengelbe Blüten. Gedeiht in jedem gut dränierten Boden. Im Frühjahr leicht zurückschneiden, um die Blütenbildung anzuregen. Es gibt viele Sorten zur Auswahl, die Blüten sind weiß ('Abbotswood' 🏆), gelb, orange ('Tangerine' 🏆), bis hin zu rosa und scharlachrot.
☼ ◊ ❄❄❄

Pyracantha atalantioides
(Feuerdorn)
Aufrechter, immergrüner Strauch, bis 6 m hoch, mit glänzenden, dunkelgrünen Blättern an glatten, dornigen Zweigen. Im späten Frühjahr erscheinen Büschel kleiner weißer Blüten, danach viele langlebige, leuchtend orangerote Beeren. Hervorragender Rahmenstrauch, besonders vor einer Mauer. Die Beeren dieser und anderer *Pyracantha* ziehen Vögel an, die Pflanzen passen also in einen tierfreundlichen Garten.
☼ ◊ ❄❄

***Rudbeckia fulgida* var. *sullivantii* 'Goldsturm'** 🏆
(Schwarzäugige Susanne)
Hügel bildende Staude, bis 60 cm hoch, mit spitzen dunkelgrünen Blättern. Von Hoch- bis Spätsommer bis in den Herbst erscheinen leuchtend gelbe, margeritenartige Blüten mit kegelförmigem dunkelbraunem, Zentrum. Eine auffällige Staude für jeden guten, wasserhaltigen Boden. Blüten zum Schneiden geeignet.
☼ ◊ ❄❄❄

RUDBECKIA FULGIDA VAR. SULLIVANTII 'GOLDSTURM'

***Spiraea japonica* 'Goldflame'** 🏆
Laubwerfender Strauch, bis 75 cm hoch; die Blätter sind anfangs bronzerot, werden dann leuchtend goldgelb mit rotem Hauch und schließlich blassgrün. Im Früh- bis Hochsommer erscheinen Blütenköpfe mit schüsselförmigen, tiefrosa Blüten. Die Blätter entwickeln sich besonders schön, wenn die Pflanze im zeitigen Frühjahr kräftig zurückgeschnitten wird.
☼ ◊ ❄❄❄

***Viburnum opulus* 'Compactum'** 🏆 (Gewöhnl. Schneeball)
Buschiger, laubwerfender Strauch, bis 1,5 m hoch, mit ahornähnlichen, dunkelgrünen Blättern, die im Herbst rot und golden werden. Im späten Frühjahr und Frühsommer erscheinen flache Blütenköpfe mit weißen Blüten, im Herbst bilden sich glänzende, leuchtend rote Beeren, die bis nach dem Laubfall hängen bleiben. Gedeiht in jedem gut dränierten Boden in der Sonne oder lichtem Schatten.
☼ ◊ ❄❄❄

VIBURNUM OPULUS 'COMPACTUM'

VIOLA CORNUTA

Viola cornuta 🏆
(Hornveilchen)
Immergrüne Staude, bis etwa 7–10 cm hoch, mit herzförmigen mittelgrünen Blättern, die dichte Hügel bilden. Von Frühjahr bis Sommer erscheint eine Folge von kleinen, leicht duftenden, stiefmütterchenähnlichen Blüten, mit violetten bis fliederblauen Blütenblättern, die unteren mit weißer Zeichnung. Hervorragende Pflanze für Beeteinfassungen, geeignet für Steinanlagen und Tröge.
☼–◐ ◊–◆ ❄❄❄

***Vitis vinifera* 'Purpurea'** 🏆
(Wein)
Laubwerfende Kletterpflanze, bis 7 m hoch, mit großen, tief gelappten, pflaumenvioletten Blättern, die anfangs grau behaart sind. Aus winzigen Blüten im Frühsommer entstehen schöne, aber nicht essbare, violette, weiß bemehlte Trauben. Im Herbst verfärben sich die Blätter leuchtend rot und violett. Eine auffällige Kletterpflanze für sonnige Standorte an Mauern, Torbögen oder Pergolen, sehr nützlich zum Verdecken von Gebäuden.
☼–◐ ◊ ❄❄❄

REGISTER

Fett und ***kursiv*** gedruckte Seitenzahlen verweisen auf Abbildungen

A

B

C

D

E

F, G

H

T, U, V

W, Y, Z

DANK

Bildrecherche Anna Grapes
DK Bildarchiv Richard Dabb
Gartenpläne Entwurf des Autors; illustriert von Gill Tomblin
Weitere Illustrationen Karen Gavin
Register Hilary Bird
Eigene Fotos Trish Gant

Dorling Kindersley dankt:
Allen Mitarbeitern der RHS, insbesondere Susanne Mitchell und Barbara Haynes; Alison Copland für die Hilfe bei der Textredaktion.

Die Royal Horticultural Society
Um mehr über die Arbeit des Vereins zu erfahren, besuchen Sie die RHS im Internet unter **www.rhs.org.uk**. Dort finden Sie Veranstaltungshinweise, eine *Gartenbau-Datenbank*, internationale Pflanzenregister, die Ergebnisse von Pflanzenprüfungen und Einzelheiten zur Mitgliedschaft.
Fotos
Der Verlag dankt folgenden Personen und Organisationen für die freundliche Genehmigung, zum Abdruck ihrer Arbeiten:
(Legende: o=oben, m=Mitte, u=unten, l=links, r=rechts, uv=Umschlag vorn, uh=Umschlag hinten)

Garden Picture Library: Henk Dijkman 12ur; Tim Griffiths 66; Lamontagne 5um, 39o, 61um; Marie O'Hara 41o; Gary Rogers 35o; Ron Sutherland 2, 14ml, 15ur; 27u, uv und 27o; Brigitte Thomas 4ur, 11mr, 52u1.
Jerry Harpur: 4ul, 4um, 9ol, 9mr, 16u, 20ur, 29o, 37o; Michael Balston uv und 33o; Tom Corruth und John Furman 48; Sonny Garcia, San Francisco 6, 11ul; Simon Fraser 5ur, 13o, uh und 43o; Marcus Harpur 52ur; Keyes Brothers 5ul, uh und 33u; Chris Rosmini, LA 25o, 37u; Ian Teh, London 20ul; Tim Du Val, NYC 17or; Robert Watson 22, John Wheatman 49ur.
Clive Nichols: Jonathan Baillie 21u; Christopher Bradley-Hole l8ur; Clare Matthews uh und 10, 29ur; Jane Nichols 45u.